書いて定着

アウトプット専用問題集

読解・リスニング

もくじ

本書の特長と使い方

本書は，成績アップの壁を打ち破るため，
問題を解いて解いて解きまくるための
アウトプット専用問題集です。

＼ 次のように感じたことのある人はいませんか？ ／

☑ 授業は理解できる
➡ でも問題が解けない！

☑ あんなに手ごたえ十分だったのに
➡ テスト結果がひどかった

☑ マジメにがんばっているけれど
➡ ぜんぜん成績が上がらない

基本のページ

アウトプットに特化したスタイル

ストレスフリーでどんどん解ける！
問題を解いて解いて解きまくろう！

単元はじめの問題にはヒントがあるからつまずかずにスイスイ解ける！

答えはすべて書き込める！

180°開く製本だから書き込みやすい！
手を離しても本が閉じない！

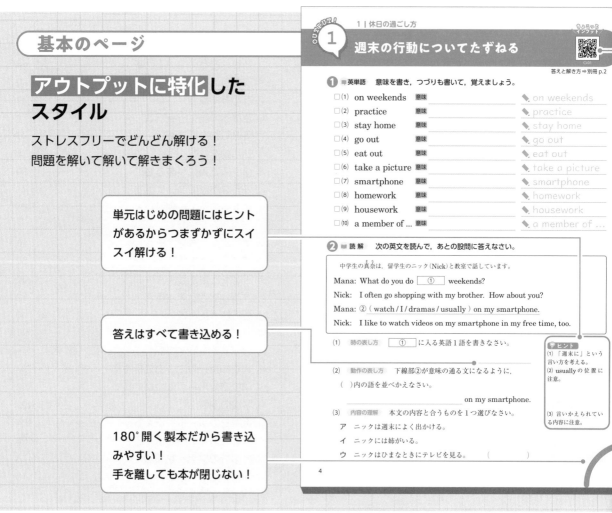

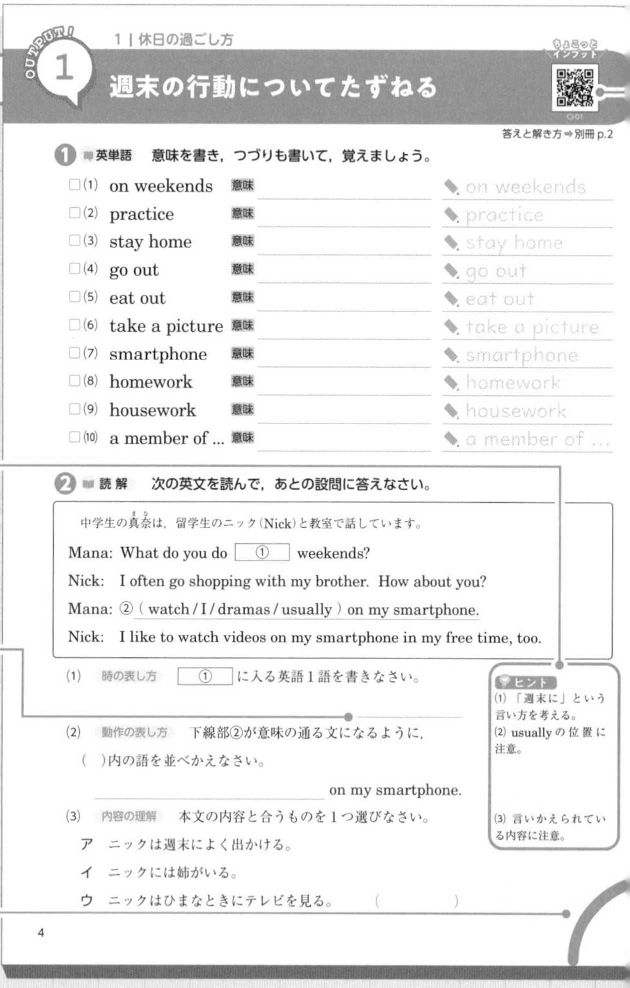

OUTPUT! 1　1｜休日の過ごし方

週末の行動についてたずねる

ちょこっとインプット

答えと解き方➡別冊 p.2

1 英単語　意味を書き，つづりも書いて，覚えましょう。

- □(1) on weekends 意味 ✎ on weekends
- □(2) practice 意味 ✎ practice
- □(3) stay home 意味 ✎ stay home
- □(4) go out 意味 ✎ go out
- □(5) eat out 意味 ✎ eat out
- □(6) take a picture 意味 ✎ take a picture
- □(7) smartphone 意味 ✎ smartphone
- □(8) homework 意味 ✎ homework
- □(9) housework 意味 ✎ housework
- □(10) a member of ... 意味 ✎ a member of ...

2 読解　次の英文を読んで，あとの設問に答えなさい。

中学生の真奈は，留学生のニック(Nick)と教室で話しています。

Mana: What do you do [①] weekends?
Nick: I often go shopping with my brother. How about you?
Mana: ②(watch / I / dramas / usually) on my smartphone.
Nick: I like to watch videos on my smartphone in my free time, too.

(1) 時の表し方　[①]に入る英語1語を書きなさい。

(2) 動作の表し方　下線部②が意味の通る文になるように，( )内の語を並べかえなさい。
______ on my smartphone.

(3) 内容の理解　本文の内容と合うものを1つ選びなさい。
ア　ニックは週末によく出かける。
イ　ニックには姉がいる。
ウ　ニックはひまなときにテレビを見る。　(　　　)

ヒント
(1)「週末に」という言い方を考える。
(2) usuallyの位置に注意。
(3) 言いかえられている内容に注意。

4

テストのページ

まとめのテスト

数単元ごとに設けています。
これまでに学んだ単元で重要なタイプの問題を掲載しているので，復習に最適です。点数を設定しているので，定期テスト前の確認や自分の弱点強化にも使うことができます。

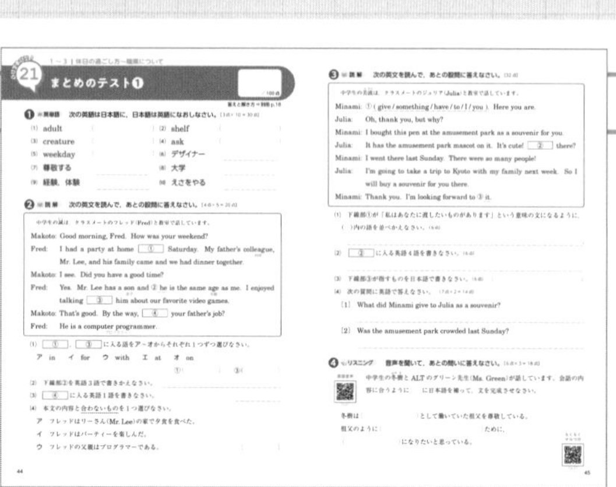

原因は実際に問題を解くという

アウトプット不足

です。

本書ですべて解決できます！

③ 読解　次の英文を読んで，あとの設問に答えなさい。

中学生の直樹(なおき)と，ALTのヤング先生(Ms. Young)が学校で話しています。

Ms. Young: ① You are a member of the basketball team, right? Do you usually practice basketball on weekends?

Naoki: [②] I practice it every Saturday morning.

Ms. Young: Great. Then what do you usually do on Sundays?

Naoki: I like to stay home. I usually read books in my room. ③ あなたは週末に何をしますか。

Ms. Young: I often go out and take pictures.

(1) 下線部①を日本語にしなさい。

(　　　　　　　　　　)

(2) 次の____に1語ずつ補って，[②]に入る英文を完成させなさい。

________, I ________.

(3) 下線部③を英語にしなさい。

____

(4) 本文の内容に合うものには○，合わないものには×を書きなさい。

ア (　　) 直樹は土曜日の午後にバスケットボールの練習をする。

＼英語音声／

リスニングの音声はこちら

④ リスニング　音声を聞いて，あとの問いに答えなさい。

中学生の哲(てつ)が留学生のリンダ(Linda)に質問しています。下の会話の____に1語ずつ補って，会話を完成させなさい。

Tetsu: What do you do on ________?

Linda: I usually ________ ________ in the library.

らくらくマルつけ

5

180°

スマホを使うサポートも万全！

＼ちょこっとインプット／

わからないことがあったら，QRコードを読みとってスマホやタブレットでサクッと確認できる！

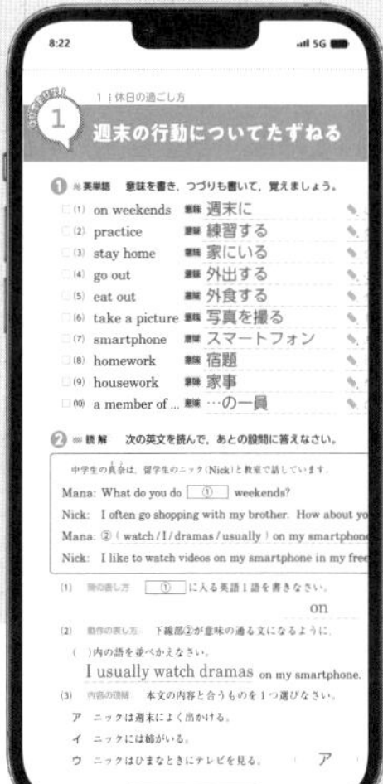

＼らくらくマルつけ／

QRコードを読みとれば，解答が印字された紙面が手軽に見られる！

※くわしい解説を見たいときは別冊をチェック！

チャレンジテスト

巻末に2回設けています。
簡単な高校入試の問題も扱っているので，自身の力試しに最適です。
入試前の「仕上げ」として時間を決めて取り組むことができます。

●「ちょこっとインプット」「らくらくマルつけ」および「英語音声」は無料でご利用いただけますが，通信料金はお客様のご負担となります。●すべての機器での動作を保証するものではありません。●やむを得ずサービス内容に変更が生じる場合があります。● QR コードは(株) デンソーウェーブの登録商標です。

週末の行動についてたずねる

答えと解き方➡別冊 p.2

1 英単語　意味を書き，つづりも書いて，覚えましょう。

□(1) on weekends 意味 ＿＿＿＿ on weekends
□(2) practice 意味 ＿＿＿＿ practice
□(3) stay home 意味 ＿＿＿＿ stay home
□(4) go out 意味 ＿＿＿＿ go out
□(5) eat out 意味 ＿＿＿＿ eat out
□(6) take a picture 意味 ＿＿＿＿ take a picture
□(7) smartphone 意味 ＿＿＿＿ smartphone
□(8) homework 意味 ＿＿＿＿ homework
□(9) housework 意味 ＿＿＿＿ housework
□(10) a member of ... 意味 ＿＿＿＿ a member of ...

2 読解　次の英文を読んで，あとの設問に答えなさい。

中学生の真奈(まな)は，留学生のニック(Nick)と教室で話しています。

Mana: What do you do [①] weekends?

Nick: I often go shopping with my brother. How about you?

Mana: ②(watch / I / dramas / usually) on my smartphone.

Nick: I like to watch videos on my smartphone in my free time, too.

(1) 時の表し方　[①]に入る英語1語を書きなさい。

＿＿＿＿

(2) 動作の表し方　下線部②が意味の通る文になるように，( )内の語を並べかえなさい。

＿＿＿＿ on my smartphone.

(3) 内容の理解　本文の内容と合うものを1つ選びなさい。

ア　ニックは週末によく出かける。
イ　ニックには姉がいる。
ウ　ニックはひまなときにテレビを見る。　(　　　　)

ヒント
(1)「週末に」という言い方を考える。
(2) usuallyの位置に注意。
(3) 言いかえられている内容に注意。

3 読解　次の英文を読んで，あとの設問に答えなさい。

中学生の直樹（なおき）と，ALT のヤング先生(Ms. Young)が学校で話しています。

Ms. Young: ① You are a member of the basketball team, right? Do you usually practice basketball on weekends?

Naoki: [②] I practice it every Saturday morning.

Ms. Young: Great. Then what do you usually do on Sundays?

Naoki: I like to stay home. I usually read books in my room. ③ あなたは週末に何をしますか。

Ms. Young: I often go out and take pictures.

(1) 下線部①を日本語にしなさい。

(　　　　　　　　　　　　　　　　　　　　　　　　)

(2) 次の＿＿に1語ずつ補って，[②]に入る英文を完成させなさい。

＿＿＿＿＿, I ＿＿＿＿＿.

(3) 下線部③を英語にしなさい。

＿＿＿＿＿＿＿＿＿＿＿＿＿＿＿＿＿＿＿＿

(4) 本文の内容に合うものには○，合わないものには×を書きなさい。

ア (　　　) 直樹は土曜日の午後にバスケットボールの練習をする。

イ (　　　) 直樹は週末に家で過ごすのが好きである。

ウ (　　　) ヤング先生は週末に写真を撮りに出かける。

4 リスニング　音声を聞いて，あとの問いに答えなさい。

英語音声 Cl-01

中学生の哲（てつ）が留学生のリンダ(Linda)に質問しています。下の会話の＿＿に1語ずつ補って，会話を完成させなさい。

Tetsu: What do you do on ＿＿＿＿＿?

Linda: I usually ＿＿＿＿＿ ＿＿＿＿＿ in the library.

らくらく マルつけ Ca-01

先週末にしたことを話す

答えと解き方➡別冊 p.2

1 英単語　意味を書き，つづりも書いて，覚えましょう。

		意味	
□(1)	last ...	意味	last ...
□(2)	bake	意味	bake
□(3)	try ...ing	意味	try ...ing
□(4)	buy	意味	buy
□(5)	wash	意味	wash
□(6)	recipe	意味	recipe
□(7)	cousin	意味	cousin
□(8)	cycling	意味	cycling
□(9)	a lot of ...	意味	a lot of ...
□(10)	all day	意味	all day

2 読解　次の英文を読んで，あとの設問に答えなさい。

中学生の香凛(かりん)は，英語の授業でスピーチをしています。

Last Saturday, I baked cookies with my mother. I baked them for the first time (初めて), but ① they were delicious. I wanted to try making other sweets, so I went to the bookstore the next day. ② I bought a sweets recipe book there. I want to make an apple pie (パイ) next time.

(1) 相手への伝え方　下線部①が指すものを英語1語で書きなさい。

＿＿＿＿＿＿

(2) 過去の動作　下線部②を日本語にしなさい。

(　　　　　　　　　　　　)

(3) 内容の理解　本文の内容と合うものを1つ選びなさい。

ア　香凛はクッキーをうまく作れなかった。

イ　香凛はこの前の日曜日，本屋に行った。

ウ　香凛はアップルパイを買うつもりだ。　(　　　)

ヒント
(1) 直前の内容に注目。
(2) bought は buy の過去形。
(3) 時系列に注意。

3 読解　次の英文を読んで，あとの設問に答えなさい。

中学生の綾と，留学生のケビン(Kevin)が教室で話しています。

Aya: I had a lot of homework, so I did it all day last Saturday. And on Sunday, I helped my father. I washed the car. ① It was hard work.

Kevin: You were very busy, Aya.

Aya: Right. How about you, Kevin? What did you do last weekend?

Kevin: On Saturday, my cousin ② (come) to my house and we played a video game together. He stayed at my house that day. We went cycling the next afternoon.

Aya: You had a good time last weekend.

(1) 下線部①が指す内容を日本語で答えなさい。　(　　　　　　　　)

(2) ②の(　)内の語を適する形に直しなさい。　＿＿＿＿＿＿

(3) 次の質問に英語で答えなさい。

[1] Where did Kevin's cousin stay last Saturday?

＿＿＿＿＿＿＿＿＿＿＿＿＿＿＿＿＿＿＿＿

[2] What did Kevin do last Sunday afternoon?

＿＿＿＿＿＿＿＿＿＿＿＿＿＿＿＿＿＿＿＿

(4) 本文の内容に合うものには○，合わないものには×を書きなさい。

ア (　　　)綾はこの前の土曜日に宿題をした。

イ (　　　)綾は先週末，いそがしかった。

ウ (　　　)ケビンはこの前の土曜日に，いとことサッカーをした。

4 リスニング　音声を聞いて，あとの問いに答えなさい。

英語音声

CI-02

中学生の春美と留学生のパトリック(Patrick)が話しています。会話の内容に合うように＿＿に１語ずつ補って，文を完成させなさい。

Patrick ＿＿＿＿＿＿ the ＿＿＿＿＿＿ last ＿＿＿＿＿＿.

らくらくマルつけ

Ca-02

3 週末の天気

答えと解き方➡別冊 p.3

1 英単語　意味を書き，つづりも書いて，覚えましょう。

- □(1) will　意味 ＿＿＿＿　✎ will
- □(2) weather forecast　意味 ＿＿＿＿　✎ weather forecast
- □(3) windy　意味 ＿＿＿＿　✎ windy
- □(4) stormy　意味 ＿＿＿＿　✎ stormy
- □(5) wind　意味 ＿＿＿＿　✎ wind
- □(6) storm　意味 ＿＿＿＿　✎ storm
- □(7) typhoon　意味 ＿＿＿＿　✎ typhoon
- □(8) internet　意味 ＿＿＿＿　✎ internet
- □(9) ground　意味 ＿＿＿＿　✎ ground
- □(10) according to ...　意味 ＿＿＿＿　✎ according to ...

2 読解　次の英文を読んで，あとの設問に答えなさい。

中学生の一郎(いちろう)と，一郎の家にホームステイ中のマックス(Max)が話しています。

Max: ［ ① ］ will the weather be this weekend?

Ichiro: According ［ ② ］ the weather forecast, it'll be rainy this Saturday. And this Sunday, it'll be sunny. But it'll be windy, so it may be cold.

Max: I see. I'm going to stay home this weekend.

(1) 天気のたずね方　［ ① ］に入る英語1語を書きなさい。

＿＿＿＿＿＿

(2) 「…によれば」　［ ② ］に入る語をア～ウから1つ選びなさい。

ア in　イ from　ウ to　(　　　)

(3) 内容の理解　本文の内容と合わないものを1つ選びなさい。

ア 土曜日は雨が降る予報だ。

イ 日曜日は晴れて暖かくなる。

ウ マックスは今週末，出かけないつもりだ。　(　　　)

ヒント
(1)「天気はどうでしょうか」とたずねている。
(2)「天気予報によれば，…」という意味になる。
(3) 天候・寒暖を表す語に注意。

3 読解　次の英文を読んで，あとの設問に答えなさい。

中学生の紗枝(さえ)と，紗枝の家にホームステイ中のドナ(Donna)が話しています。

Sae: Donna, how about ① (go) hiking next weekend?

Donna: That sounds good. ② (the / will / be / how / weather)?

Sae: Let's check the weather forecast on the internet. Let me see (えーっと) .... It will be sunny all day next Saturday, but it'll rain on Friday.

Donna: Then the ground may be muddy (ぬかるんだ) on Saturday. That's not good for hiking. How about Sunday?

Sae: It'll be cloudy in the morning and sunny later. So let's go hiking next Sunday afternoon.

Donna: OK. I'm looking forward to it!

(1) ①の(　)内の語を適する形に直しなさい。

____

(2) 下線部②が意味の通る文になるように，(　)内の語を並べかえなさい。

______________________________?

(3) 紗枝とドナが土曜日にハイキングに行かない理由を，日本語で書きなさい。

(　　　　　　　　　　　　　　　　　　)

(4) 本文の内容に合うものには○，合わないものには×を書きなさい。

ア (　　) 紗枝はテレビで天気予報を見ている。

イ (　　) 今度の土曜日は一日中晴れる予報だ。

ウ (　　) 今度の日曜日の天気はくもりのち晴れの予報だ。

4 リスニング　音声を聞いて，あとの問いに答えなさい。

英語音声

CI-03

英語で天気予報を聞いています。今週末の天気についてあてはまるものを下のア～エから選びなさい。

(1) 土曜日 (　　　　) ときどき (　　　　)

(2) 日曜日 (　　　　) のち (　　　　)

ア 晴れ　　イ 雨　　ウ くもり　　エ 雪

らくらくマルつけ

Ca-03

週末の予定

答えと解き方➡別冊 p.4

1 英単語　意味を書き，つづりも書いて，覚えましょう。

□(1)	nothing	意味	nothing
□(2)	special	意味	special
□(3)	ask	意味	ask
□(4)	answer	意味	answer
□(5)	start	意味	start
□(6)	magazine	意味	magazine
□(7)	recital	意味	recital
□(8)	studio	意味	studio
□(9)	performance	意味	performance
□(10)	in time	意味	in time

2 読解　次の英文を読んで，あとの設問に答えなさい。

中学生の仁(じん)と留学生のエマ(Emma)が教室で話しています。

Jin: I'm [①] to watch a baseball game at the stadium with my father next Saturday. ② Do you have any plans for next weekend?

Emma: Nothing special. I bought some magazines the other day (先日，この前), so I'll read them. I also want to clean my room.

(1) 予定の表し方　[①] に入る英語1語を書きなさい。

(2) 予定のたずね方　下線部②を日本語にしなさい。

(　　　　　　　　　　　　　　　　)

(3) 内容の理解　本文の内容と合うものを1つ選びなさい。

ア　仁は週末に，野球の試合の中継を見るつもりだ。

イ　エマは週末に，雑誌を買いに行くつもりだ。

ウ　エマは週末に，部屋を掃除するつもりだ。（　　　　）

ヒント

(1) next Saturday「今度の土曜日」に注目。

(2) any は「何か」という意味。

(3) 時制に注意。

3 読解　次の英文を読んで，あとの設問に答えなさい。

留学生のロン(Ron)が，クラスメートの隼人(はやと)に話しかけています。

Ron: Hey, Hayato. Do you have any plans for next Sunday?

Hayato: I have soccer practice in the morning, but I'll be free after that. Why do you ask?

Ron: I have a dance recital at the dance studio in front of the station. Do you want to come? It starts at two in the afternoon.

Hayato: Well, I may not get ① there in time.

Ron: ② I'm going to perform around three.（around：…ごろ）

Hayato: Oh, then I can watch your performance. OK, I'll go to the recital!

(1) 下線部①が指す場所を日本語で書きなさい。　(　　　　　　　　)

(2) 下線部②を日本語にしなさい。

(　　　　　　　　　　　　　　　　)

(3) 次の質問に対する答えになるように，＿＿に1語ずつ補いなさい。

[1] What is Hayato going to do next Sunday morning?

— He is going to ＿＿＿＿ ＿＿＿＿.

[2] What time does the dance recital start?

— It starts at ＿＿＿＿ in the ＿＿＿＿.

(4) 本文の内容に合うものには○，合わないものには×を書きなさい。

ア (　　) ロンは今度の土曜日，ダンスの発表会に出る。

イ (　　) 隼人はダンスの発表会を最初から見ることができる。

4 リスニング　音声を聞いて，あとの問いに答えなさい。

＼英語音声／ CI-04

中学生の若菜(わかな)と留学生のアラン(Alan)が話しています。会話の内容に合うように，［　　］にあてはまるものを下のア〜ウから1つ選びなさい。

今度の週末は，若菜もアランも［　　］つもりだ。

ア　家族と過ごす　　イ　家にいる　　ウ　動物園に行く

(　　　　)

＼らくらくマルつけ／ Ca-04

ペットの世話をする

答えと解き方➡別冊 p.4

1 英単語 意味を書き，つづりも書いて，覚えましょう。

	単語	意味	つづり
□(1)	pet	意味	pet
□(2)	walk	意味	walk
□(3)	catch	意味	catch
□(4)	spend	意味	spend
□(5)	cage	意味	cage
□(6)	weekday	意味	weekday
□(7)	sure	意味	sure
□(8)	bored	意味	bored
□(9)	whole	意味	whole
□(10)	take a walk	意味	take a walk

2 読解 次の英文を読んで，あとの設問に答えなさい。

中学生の健(けん)は，休日にクラスメートのリサ(Lisa)に会いました。

Ken: Hi, Lisa. ① Are you taking a walk?

Lisa: I'm going to the library. Cute dogs! What are [②] names?

Ken: Momo and Taro. I walk them on weekends.

Lisa: Who walks them on weekdays?

Ken: My father or my grandfather does.

(1) 現在の動作の表し方 下線部①を日本語にしなさい。

( )

(2) 人や物を指す語 [②] に入る語をア～ウから1つ選びなさい。 ア its イ their ウ theirs ( )

(3) 内容の理解 本文の内容と合わないものを1つ選びなさい。

ア リサは図書館に行こうとしている。

イ 健はイヌを2ひき連れている。

ウ 平日は，健の父か母がイヌの散歩をする。 ( )

ヒント
(1) ここでの walk は名詞で，「散歩」という意味。
(2) あとが複数形であることに注目。
(3) イヌの名前がいくつ出てきたかに注目。

3 読解　次の英文を読んで，あとの設問に答えなさい。

中学生の愛(あい)は，クラスメートのベス(Beth)と教室で話しています。

Ai: I'm planning to take my dog to the dog park(ドッグラン) next weekend. On weekdays we just walk him near our house. ① I'm sure he is bored.

Beth: What do you do in the dog park?

Ai: We often play with a flying disc(フライングディスク). I throw it and he catches it. ② He is very good at it. Do you have any pets?

Beth: Yes, I have a parakeet(インコ). I clean her cage lightly(軽く) every day and wash the whole cage on weekends. ③ That's a little hard work, but (her / enjoy / of / care / I / taking).

(1) 愛が下線部①のように考える理由を日本語で書きなさい。

(　　　　　　　　　　　　　　　　　　　　　　　　　　)

(2) 下線部②を次のように書きかえるとき，_____に適する語を1語ずつ書きなさい。

He is very good at ________ a ________ ________.

(3) 下線部③が意味の通る文になるように，(　)内の語を並べかえなさい。

..., but ____________________________.

(4) 本文の内容に合うものには○，合わないものには×を書きなさい。

ア (　　　) 愛は先週，イヌをドッグランに連れていった。

イ (　　　) ベスは毎日鳥かご全体を洗う。

ウ (　　　) ベスは鳥かごを掃除するのが少し大変だと思っている。

4 リスニング　音声を聞いて，あとの問いに答えなさい。

英語音声

CI-05

中学生の守(まもる)と留学生のメアリー(Mary)が話しています。会話の内容に合うように(　)に日本語を補って，文を完成させなさい。

(1) 守は週末に，自分のイヌと(　　　　　　　　　　　　　　)に行くのが好きである。

(2) 守のイヌはそこで(　　　　　　　　　　　　)を楽しんでいる。

らくらくマルつけ

Ca-05

料理をする

答えと解き方➡別冊 p.5

1 英単語　意味を書き，つづりも書いて，覚えましょう。

- □(1) spaghetti　意味 ＿＿＿＿　✎ spaghetti
- □(2) omelet rice　意味 ＿＿＿＿　✎ omelet rice
- □(3) hamburger steak　意味 ＿＿＿＿　✎ hamburger steak
- □(4) cut　意味 ＿＿＿＿　✎ cut
- □(5) chop　意味 ＿＿＿＿　✎ chop
- □(6) fry　意味 ＿＿＿＿　✎ fry
- □(7) shape　意味 ＿＿＿＿　✎ shape
- □(8) round　意味 ＿＿＿＿　✎ round
- □(9) bread　意味 ＿＿＿＿　✎ bread
- □(10) pan　意味 ＿＿＿＿　✎ pan

2 読解　次の英文を読んで，あとの設問に答えなさい。

中学生の奏太(かなた)は，クラスメートのジャック(Jack)と教室で話しています。

Kanata: Last Sunday, ① I made my family spaghetti for lunch.
Jack: Do you always make lunch on weekends?
Kanata: I ② do when I don't have club activities. I like cooking.
Jack: Great. I don't usually cook. What are you good at cooking?
Kanata: Omelet rice!

(1) 「人にものを…する」　下線部①を日本語にしなさい。
(　　　　　　　　　　　　　　　　　　　　)

(2) 相手への伝え方　下線部②が指す内容を英語2語で書きなさい。＿＿＿＿＿＿＿＿

(3) 内容の理解　本文の内容と合うものを1つ選びなさい。
ア　奏太はこの前の日曜日，部活動がなかった。
イ　ジャックは料理が好きである。
ウ　奏太の得意料理はスパゲッティである。　(　　　　)

ヒント
(1) 〈make＋人＋もの〉の文型。
(2) 直前の内容に注目。
(3) 言いかえられている内容に注意。

❸ 読解　次の英文を読んで，あとの設問に答えなさい。

中学生の洋子(ようこ)と，洋子の家にホームステイ中のウィラ(Willa)が，キッチンで話しています。

Yoko:　Now let's make dinner.

Willa:　What should we make?　I'm not very good at cooking.

Yoko:　Let's make hamburger steaks.　That's not difficult.　First, I will chop the onion, so can you cut the tomatoes for a side dish(付け合わせ)?

Willa:　OK .... It's done(できた！)!　Then, we'll fry the onion in the pan, right?

Yoko:　Right.　After frying the onion, mix the meat, the onion, bread crumbs(パン粉) and egg in a bowl.　Then, shape it into an oval(だ円形) shape.

Willa:　Umm .... Making a nice shape is difficult.　How is this?

Yoko:　Good!　Let's fry it in the pan.

(1)　下線部を日本語にしなさい。

(　　　　　　　　　　　　　　　　　　　　　　　　　　　　)

(2)　ハンバーグを作る手順になるように，(　)に適する日本語を書きなさい。

1.　(　　　　　　　　　　)をきざんでいためる。

2.　1と肉，パン粉，(　　　　　　)をボウルに入れて(　　　　　　　　)。

3.　2を(　　　　　　　　)形に丸めて，フライパンで焼く。

(3)　本文の内容に合うものには○，合わないものには×を書きなさい。

ア　(　　　)洋子とウィラは今，昼食にハンバーグを作っている。

イ　(　　　)ウィラは，自分は料理があまりじょうずではないと思っている。

ウ　(　　　)ハンバーグをきれいな形に丸めるのは，ウィラにとって難しかった。

❹ リスニング　音声を聞いて，あとの問いに答えなさい。

英語音声

Cl-06

中学生の陽菜乃(ひなの)と留学生のエリック(Eric)が話しています。会話の内容に合うように＿＿＿に1語ずつ補って，文を完成させなさい。

Eric often makes ＿＿＿＿＿＿ ＿＿＿＿＿＿ on ＿＿＿＿＿＿.

らくらくマルつけ

Ca-06

部屋を掃除する

答えと解き方➡別冊 p.6

1 英単語　意味を書き，つづりも書いて，覚えましょう。

□ (1) put ... away　意味 ＿＿＿＿　put ... away
□ (2) wipe　意味 ＿＿＿＿　wipe
□ (3) living room　意味 ＿＿＿＿　living room
□ (4) toilet　意味 ＿＿＿＿　toilet
□ (5) bathroom　意味 ＿＿＿＿　bathroom
□ (6) kitchen　意味 ＿＿＿＿　kitchen
□ (7) hallway　意味 ＿＿＿＿　hallway
□ (8) floor　意味 ＿＿＿＿　floor
□ (9) messy　意味 ＿＿＿＿　messy
□ (10) tidy　意味 ＿＿＿＿　tidy

2 読解　次の英文を読んで，あとの設問に答えなさい。

中学生の恵美(えみ)は，留学生のアンディ(Andy)と教室で話しています。

Emi: I'm going to clean my room this weekend. ① It will be hard work.

Andy: Is your room that(そんなに) [②]?

Emi: Well, yes. I'm not good at putting things away after I use them.

Andy: Me, too. I often leave books on the floor. I'll clean my room today.

(1) 相手への伝え方　下線部①が指す内容を日本語で書きなさい。

(　　　　　　　　　　)

(2) 状態を表す　[②] に入る語をア～ウから１つ選びなさい。

ア clean　イ tidy　ウ messy　(　　　)

(3) 内容の理解　本文の内容と合うものを１つ選びなさい。

ア 恵美とアンディは今日，掃除をするつもりだ。

イ 恵美とアンディはものを片づけるのが苦手だ。

ウ 恵美とアンディは本をたくさん持っている。

(　　　)

ヒント

(1) 直前の内容に注目。

(2) 前後の内容から，適する語を考える。

(3) ２人に共通する内容を読み取る。

3 読解　次の英文を読んで，あとの設問に答えなさい。

武田(たけだ)さんは，武田さんの家にホームステイ中のルーク(Luke)と話しています。

Ms. Takeda: Luke, I'm going to clean the house today. Can you help me?

Luke: Of course. What should I start with?

Ms. Takeda: Please vacuum (掃除機をかける) the living room while (…する間に) I clean the toilet.

Luke: OK.

Ms. Takeda: After that, wipe the floor of the hallway. I'll wipe the windows.

Luke: I think we should swap (交換する) roles (役割). You can't reach (手が届く) high places.

Ms. Takeda: Oh, you're right. Then I'll ① do the floor. And you should clean your room, too. ② (your / leave / don't / clothes) on the floor.

Luke: OK, I'll put them [③] in the closet (クローゼット).

(1) 下線部①は，具体的にどうすることを表しているか。(　)に適する日本語を書きなさい。

(　　　　　　　　　　　　　　　　　　)こと。

(2) 下線部②が意味の通る文になるように，(　)内の語を並べかえなさい。

________________________________ on the floor.

(3) 「それらを片づける」という意味になるように，[③] に入る英語1語を書きなさい。

____

(4) 本文の内容と合うものを1つ選びなさい。

ア　武田さんとルークはリビングの掃除をする。

イ　ルークは武田さんよりも背が高い。

ウ　ルークの部屋はすでに掃除されている。　　(　　　)

4 リスニング　音声を聞いて，あとの問いに答えなさい。

英語音声

Cl-07

加藤(かとう)さんと加藤さんの家にホームステイ中のオリビア(Olivia)が話しています。会話の内容に合うように(　)に日本語を補って，文を完成させなさい。

(1) 加藤さんは，オリビアに(　　　　　　　　　　　　)ように頼んだ。

(2) オリビアは台所で(　　　　　　　　)つもりだ。

らくらくマルつけ

Ca-07

遊園地に行く

答えと解き方➡別冊 p.7

1 英単語 意味を書き，つづりも書いて，覚えましょう。

□(1) attraction 意味 ______ ✎ attraction
□(2) roller coaster 意味 ______ ✎ roller coaster
□(3) ride 意味 ______ ✎ ride
□(4) Ferris wheel 意味 ______ ✎ Ferris wheel
□(5) parade 意味 ______ ✎ parade
□(6) admission 意味 ______ ✎ admission
□(7) ticket 意味 ______ ✎ ticket
□(8) adult 意味 ______ ✎ adult
□(9) give up 意味 ______ ✎ give up
□(10) right away 意味 ______ ✎ right away

2 読解 次の英文を読んで，あとの設問に答えなさい。

中学生の拓(たく)は，留学生のマイク(Mike)と教室で話しています。

Mike: I like roller coasters very much.

Taku: [①] is an amusement park in the next town. It's famous for its roller coaster.

Mike: Really? I want to go there. Can you go with me?

Taku: You should go with someone(だれか) else [②] I don't like scary rides(絶叫マシン).

(1) 「…がある」 「…があります」という意味になるように，[①]に入る英語1語を書きなさい。 ______

(2) 理由の伝え方 [②]に入る語をア～ウから1つ選びなさい。 ア because イ that ウ so (　　　)

(3) 内容の理解 本文の内容と合うものを1つ選びなさい。
ア 拓たちの学校がある町には遊園地がある。
イ 拓はマイクを遊園地にさそった。
ウ 拓はジェットコースターに乗りたくない。 (　　　)

ヒント
(1) 「遊園地がある」という意味になる。
(2) 前後のつながりに注目。
(3) だれがどのような発言をしたかにも注意。

3 読解　次の英文を読んで，あとの設問に答えなさい。

和葉(かずは)と和葉の家にホームステイ中のノラ(Nora)は，遊園地に来ています。

Kazuha: Which attraction do you want to ride next?

Nora: How about the roller coaster? It's near here.

Kazuha: OK, let's go. Oh, look! There is a long line for the roller coaster.

Nora: The sign(看板) says [①] the waiting time is one hour! What should we do?

Kazuha: The parade starts in an hour. I'm looking forward to ② it.

Nora: Then we should give up the roller coaster. ③ (a / attraction / waiting time / has / which / short)?

Kazuha: We can ride the Ferris wheel right away.

Nora: OK, let's ride that. After that, let's buy some juice and watch the parade.

(1) [①] に入る英語1語を書きなさい。　＿＿＿＿

(2) 下線部②が指すものを英語2語で書きなさい。　＿＿＿＿

(3) 下線部③が意味の通る文になるように，(　)内の語句を並べかえなさい。

＿＿＿＿＿＿＿＿＿＿＿＿＿＿＿＿?

(4) 本文の内容に合うように＿＿に1語ずつ補って，文を完成させなさい。

[1] They won't ride the ＿＿＿＿ ＿＿＿＿ because a lot of people are waiting.

[2] They will ＿＿＿＿ drinks ＿＿＿＿ they ride the Ferris wheel.

4 リスニング　音声を聞いて，あとの問いに答えなさい。

英語音声

Cl-08

家族で日本の遊園地に来たブラウンさん(Mr. Brown)は，チケット売り場でスタッフと話しています。ブラウンさんはいくら払うことになるか，算用数字で答えなさい。

(　　　　　　　)円

らくらくマルつけ

Ca-08

動物園に行く

答えと解き方➡別冊 p.8

1 英単語　意味を書き，つづりも書いて，覚えましょう。

- □(1) lion　意味 ＿＿＿＿　lion
- □(2) elephant　意味 ＿＿＿＿　elephant
- □(3) giraffe　意味 ＿＿＿＿　giraffe
- □(4) zebra　意味 ＿＿＿＿　zebra
- □(5) feed　意味 ＿＿＿＿　feed
- □(6) gorilla　意味 ＿＿＿＿　gorilla
- □(7) recently　意味 ＿＿＿＿　recently
- □(8) various　意味 ＿＿＿＿　various
- □(9) rare　意味 ＿＿＿＿　rare
- □(10) neck　意味 ＿＿＿＿　neck

2 読解　次の英文を読んで，あとの設問に答えなさい。

中学生の順子(じゅんこ)は，留学生のケビン(Kevin)と話しています。

Junko: Would you like to go to the zoo with me? It opened recently.

Kevin: Nice. Does the zoo have anything special?

Junko: We can ride horses and watch bird shows. And ① there are various rare animals there.

Kevin: I see. I like horses, so I'm interested in riding ② them.

(1) 「…がいる」　下線部①を日本語にしなさい。

(　　　　　　　　　　　　　　　　　　　　)

(2) 相手への伝え方　下線部②が指すものを英語１語で書きなさい。 ＿＿＿＿

(3) 内容の理解　本文の内容と合わないものを１つ選びなさい。

ア　順子はケビンを歴史ある動物園にさそった。

イ　動物園の見どころの１つは鳥のショーである。

ウ　ケビンは乗馬をしてみたいと思っている。(　　　　)

ヒント

(1) ２つ目の there は場所を表している。

(2) 直前の内容に注目。

(3) 文中の副詞(動詞を修飾する語)を注意深くチェックする。

3 読解　次の英文を読んで，あとの設問に答えなさい。

大樹（だいき）と大樹の家にホームステイ中のマックス(Max)は，動物園に来ています。

Max: There are a lot of people over there. What are they looking at?

Daiki: According to the map, that is the lion enclosure（かこい）. ① I heard that a baby lion was born（生まれた） recently. I think they are looking at it.

Max: I see. Shall we（(私たちは)…しましょうか。） go and see ② it, too?

Daiki: I'd like to, but the feeding event of *kirin* will start soon. Um, how do you say it in English? An animal with a long neck ....

Max: Oh, you mean a [③]. Can we feed them? I want to do that!

Daiki: Me, too. Let's go to the event first and see the baby lion later.

Max: But it's almost（ほとんど，もう少しで） noon. I want to have lunch after the feeding event.

Daiki: OK, let's go.

(1) 下線部①を日本語にしなさい。

(　　　　　　　　　　　　　　　　)

(2) 下線部②が指すものを英語3語で抜き出して書きなさい。

____

(3) [③] に入る英語1語を書きなさい。 ________

(4) 本文の内容に合うものには○，合わないものには×を書きなさい。

ア (　　) 大樹とマックスはライオンのかこいの前で話している。

イ (　　) 大樹は英語での動物名の言い方がわからなかった。

ウ (　　) 大樹とマックスはえさやりイベントのあとすぐにライオンを見に行く。

4 リスニング　音声を聞いて，あとの問いに答えなさい。

英語音声 CI-09

動物園にやってきた浩二（こうじ）と留学生のミラ(Milla)が話しています。会話の内容に合うように(　)に日本語を補って，文を完成させなさい。

(1) 浩二は(　　　　　　　　)とふれあうイベントに参加したい。

(2) 3時から(　　　　　　　　　　)ことができる。

らくらくマルつけ Ca-09

水族館に行く

答えと解き方➡別冊 p.9

1 英単語　意味を書き，つづりも書いて，覚えましょう。

- □(1) dolphin　意味 ＿＿＿＿　dolphin
- □(2) penguin　意味 ＿＿＿＿　penguin
- □(3) jellyfish　意味 ＿＿＿＿　jellyfish
- □(4) starfish　意味 ＿＿＿＿　starfish
- □(5) creature　意味 ＿＿＿＿　creature
- □(6) species　意味 ＿＿＿＿　species
- □(7) relaxed　意味 ＿＿＿＿　relaxed
- □(8) take part in ...　意味 ＿＿＿＿　take part in ...
- □(9) be able to ...　意味 ＿＿＿＿　be able to ...
- □(10) be scared of ...　意味 ＿＿＿＿　be scared of ...

2 読解　次の英文を読んで，あとの設問に答えなさい。

留学生のクロエ(Chloe)は，担任の先生である谷(たに)先生と話しています。

Chloe: My host family ①(take) me to the aquarium near our school.
Mr. Tani: There is a very big water tank(水槽) there, right? How was it?
Chloe: Colorful fish were swimming in ② it and they were so beautiful.
Mr. Tani: What water creatures do you like?
Chloe: Jellyfish are my favorite. When I see them, I feel relaxed.

(1) 動詞の形　①の(　)内の語を適する形に直しなさい。

＿＿＿＿＿＿

(2) 相手への伝え方　下線部②が指すものを英語5語で抜き出して書きなさい。＿＿＿＿＿＿

(3) 内容の理解　本文の内容と合うものを1つ選びなさい。

ア　水族館にはとても大きな魚がいる。
イ　クロエは魚を見て美しいと思った。
ウ　クロエはヒトデが好きである。　(　　　)

ヒント
(1) 谷先生がHow was it?とたずねていることに注目。
(2) 直前の内容に注目。
(3) 文中の形容詞を注意深くチェックし，何がどのような状態なのか読み取る。

3 読解　次の英文を読んで，あとの設問に答えなさい。

中学生の翔(かける)は，英語の授業で週末の出来事についてスピーチをしています。

Last Sunday, I went to the aquarium with my family. The aquarium has about 500 species of fish and water creatures.

We watched the dolphin show. The dolphins were very cute and smart. We sat close to (…の近くに) the pool, so we could see ① their performances very well. ② We also took part in the starfish event. We were able to touch starfish there. The starfish were hard and rough (ざらざらした). I told my little sister, "You should touch a starfish, too," but she didn't because she was scared of them.

We didn't have enough time, so I couldn't take a good look at all the water tanks. I want to visit there again.

⑴ 下線部①を英語２語で書きかえなさい。 ＿＿＿＿＿＿＿＿

⑵ 下線部②を日本語にしなさい。

(　　　　　　　　　　　　　　　　　　　　)

⑶ 次の質問に対する答えになるように，＿＿に１語ずつ，または算用数字を補いなさい。

[1] How many species of water creatures are there at the aquarium?

— There are about ＿＿＿＿ ＿＿＿＿.

[2] What did Kakeru think when he touched the starfish?

— He thought that they were ＿＿＿＿ and ＿＿＿＿.

⑷ 本文の内容に合うものには○，合わないものには×を書きなさい。

ア (　　　)翔の妹はヒトデを怖がっていた。

イ (　　　)翔はすべての水槽を十分に見ることができた。

4 リスニング　音声を聞いて，あとの問いに答えなさい。

英語音声

Cl-10

中学生の結衣(ゆい)と留学生のダニエル(Daniel)が話しています。会話の内容に合うように＿＿に１語ずつ補って，文を完成させなさい。

らくらくマルつけ

Ca-10

Yui and Daniel want to ＿＿＿＿ the ＿＿＿＿ at the aquarium.

美術館に行く

答えと解き方➡別冊 p.10

1 英単語 意味を書き，つづりも書いて，覚えましょう。

	単語	意味	つづり
□(1)	theme	意味	theme
□(2)	landscape	意味	landscape
□(3)	seriously	意味	seriously
□(4)	peace	意味	peace
□(5)	impressive	意味	impressive
□(6)	flash	意味	flash
□(7)	damage	意味	damage
□(8)	explain	意味	explain
□(9)	guide	意味	guide
□(10)	for free	意味	for free

2 読解 次の英文を読んで，あとの設問に答えなさい。

中学生の穂香(ほのか)は，留学生のジェーン(Jane)と美術館に来ています。

Honoka: You are looking at this painting seriously.

Jane: ① What is this a painting of? Do you know?

Honoka: I'm not [②], but the explanation (説明) says the theme of it is peace.

Jane: Abstract (抽象的な) paintings are difficult for me, but I like this painting because the colors are so impressive.

(1) 作品についてたずねる 下線部①を日本語にしなさい。

( )

(2) 「わかりません」 [②] に入る語をア～ウから１つ選びなさい。 ア fine イ sure ウ right ( )

(3) 内容の理解 本文の内容と合わないものを１つ選びなさい。

ア ジェーンは平和をテーマにした絵を見ている。

イ ジェーンは抽象画についてよく理解している。

ウ ジェーンは絵の色合いが気に入った。 ( )

ヒント

(1) a painting of ... 「…の絵」

(2) Do you know? とたずねられている。

(3) ジェーンの絵に関する感想を読み取る。

3 読解　次の英文を読んで，あとの設問に答えなさい。

中学生の隼人(はやと)は，留学生のジェフ(Jeff)と美術館に来ています。

Jeff: Hayato, what does this sign say?

Hayato: It says "① You can't use the flash on your camera here."

Jeff: Why not?（なぜ…ではないのですか。）

Hayato: Because the flash from a camera can damage paintings, we shouldn't use it. But you can take pictures [②] a flash.

Jeff: I see. Then let's go and see the artwork（(美術)作品）. Because you are in the art club, you can explain the paintings to me, right?

Hayato: I like painting pictures, but ③ explaining art in English is too difficult for me. You can use an audio（音声の） guide in English for free.

(1) 下線部①の理由を日本語で書きなさい。

(　　　　　　　　　　)

(2) [②] に入る語をア～ウから1つ選びなさい。

ア with　　イ without　　ウ from　　(　　　)

(3) 下線部③を日本語にしなさい。

(　　　　　　　　　　)

(4) 本文の内容に合うものには○，合わないものには×を書きなさい。

ア (　　　) ジェフは看板に書いてあることが読めなかった。

イ (　　　) 隼人は美術部員である。

ウ (　　　) 美術館の音声案内は使用料がかかる。

4 リスニング　音声を聞いて，あとの問いに答えなさい。

英語音声 Cl-11

中学生の奈々子(ななこ)と留学生のレオ(Leo)が，美術館で話しています。会話の内容に合うように(　)に日本語を補って，文を完成させなさい。

(1) レオは美しい(　　　　　　)の絵を気に入っている。

(2) その絵は奈々子たちの(　　　　　　　　)だった人物が描いた。

らくらくマルつけ

Ca-11

おみやげを買う

答えと解き方➡別冊 p.11

1 英単語　意味を書き，つづりも書いて，覚えましょう。

□(1)	gift	意味	gift
□(2)	myself	意味	myself
□(3)	postcard	意味	postcard
□(4)	towel	意味	towel
□(5)	stuffed	意味	stuffed
□(6)	mascot	意味	mascot
□(7)	go home	意味	go home
□(8)	look for ...	意味	look for ...
□(9)	recommend	意味	recommend
□(10)	something	意味	something

2 読 解　次の英文を読んで，あとの設問に答えなさい。

中学生の由香里(ゆかり)は，留学生のキース(Keith)と美術館に来ています。

Yukari: Let's go to the souvenir shop [①] we go home.

Keith: Yes, let's. I want to buy some postcards for myself.

Yukari: ② I'd like to look for gifts for my family. What should I buy?

Keith: How about these small towels with famous paintings?

Yukari: Cute! I'll buy them for my parents and a notebook for my sister.

(1) 順番の表し方　[①] に入る語をア～ウから1つ選びなさい。　ア before　イ after　ウ while　(　　　)

(2) したいことを伝える　下線部②を日本語にしなさい。

(　　　　　　　　　　　　)

(3) 内容の理解　本文の内容と合うものを1つ選びなさい。

ア　キースは自分用におみやげを買うつもりだ。

イ　キースは由香里に絵画の絵はがきをすすめた。

ウ　由香里は家族全員にタオルを買うつもりだ。　(　　　)

ヒント

(1) 前後のつながりに注目。

(2) look for ... は「…を探す」という意味。

(3) 動詞とその目的語となる語句を注意深くチェックする。

3 読解　次の英文を読んで，あとの設問に答えなさい。

家族で日本の遊園地に来たアメリカ出身のマリア(Maria)は，みやげ物屋で店員に話しかけられます。

Clerk: May I help you?

Maria: I'm ① …を探している something for my friends back home.（back home: 故郷の）

Clerk: If your friends like something sweet, these cookies will be a good gift for them. Would you like to try ② one?

Maria: Thank you. Wow, it's tasty! I'll buy two boxes. I also want to buy a souvenir for myself. What do you recommend?

Clerk: How about a stuffed doll of this amusement park's mascot? This is very popular.

Maria: It's cute! I'll take it, too. ③ When I see it, I will remember my time in Japan.

(1) 下線部①の日本語を，英語２語で書きなさい。　＿＿＿＿ ＿＿＿＿

(2) 下線部②が指すものを日本語で答えなさい。　(　　　　　　)

(3) 下線部③を日本語にしなさい。

(　　　　　　　　　　　　　　　　　　　　　　　　)

(4) 本文の内容に合うように＿＿＿に１語ずつ補って，文を完成させなさい。

[1] Maria will buy ＿＿＿＿ ＿＿＿＿ of cookies for her ＿＿＿＿.

[2] The clerk recommended a ＿＿＿＿ ＿＿＿＿ to Maria as a souvenir for herself.

4 リスニング　音声を聞いて，あとの問いに答えなさい。

英語音声

Cl-12

動物園にやってきた正弘(まさひろ)と留学生のルナ(Luna)が話しています。会話の内容に合うように＿＿＿に１語ずつ補って，文を完成させなさい。

There is a ＿＿＿＿ ＿＿＿＿ near the entrance of the zoo.

らくらくマルつけ

Ca-12

登山をする

答えと解き方➡別冊 p.11

1 英単語　意味を書き，つづりも書いて，覚えましょう。

□(1) top　意味 ＿＿＿＿　top
□(2) amazing　意味 ＿＿＿＿　amazing
□(3) sunrise　意味 ＿＿＿＿　sunrise
□(4) sunset　意味 ＿＿＿＿　sunset
□(5) view　意味 ＿＿＿＿　view
□(6) pack（動詞）　意味 ＿＿＿＿　pack
□(7) backpack　意味 ＿＿＿＿　backpack
□(8) calm　意味 ＿＿＿＿　calm
□(9) steep　意味 ＿＿＿＿　steep
□(10) gentle　意味 ＿＿＿＿　gentle

2 読解　次の英文を読んで，あとの設問に答えなさい。

中学生の学（まなぶ）は，英語の授業でスピーチをしています。

I went mountain climbing（登山） with my father on New Year's Day this year. We started climbing very early [①] the first sunrise. It was very cold that day. But the view from the top was amazing. It was hard work, but I want to see the first sunrise from ② there again on New Year's Day next year.

(1) 目的を伝える　[①] に入るものをア～ウから1つ選びなさい。　ア see　イ to see　ウ saw （　　　）

(2) 相手への伝え方　下線部②が指す場所を日本語で書きなさい。
（　　　　　　　　）

(3) 内容の理解　本文の内容と合うものを1つ選びなさい。
ア　学は今年の元日，遅い時間に起きた。
イ　今年の元日は過ごしやすい気温だった。
ウ　学は元日に，山の頂上まで登った。　（　　　）

ヒント
(1)「…を見るために」という意味になる。
(2) 直前の内容に注目。
(3) 言いかえられている内容に注意。

3 読解　次の英文を読んで，あとの設問に答えなさい。

中学生の若菜（わかな）と，若菜の家にホームステイ中のカレン（Karen）が話しています。

Wakana: We are going to go mountain climbing tomorrow. I'm looking forward to it.

Karen: ① Me, too. Let's pack our backpacks. ② (the / be / will / how / weather) tomorrow?

Wakana: The weather forecast says that it will be sunny and calm.

Karen: That's good. Then we don't need jackets.

Wakana: We should bring ③ them. It is cold at the top of the mountain. And it may rain suddenly（突然） because the weather in the mountains changes easily.

Karen: OK. I will put my jacket in my backpack.

(1) 下線部①を次のように書きかえるとき，＿＿に適する語を1語ずつ書きなさい。

I'm looking forward to ＿＿＿＿ ＿＿＿＿ ＿＿＿＿, too.

(2) 下線部②が意味の通る文になるように，(　)内の語を並べかえなさい。

＿＿＿＿＿＿＿＿＿＿＿＿＿＿＿＿＿＿＿＿ tomorrow?

(3) 下線部③が指すものを英語1語で書きなさい。 ＿＿＿＿

(4) 本文の内容に合うものには○，合わないものには×を書きなさい。

ア (　　) 若菜とカレンは，登山の荷造りをしているところだ。

イ (　　) 天気予報によれば，明日は雨は降らない。

ウ (　　) カレンは，明日は上着を着て出かけることにした。

4 リスニング　音声を聞いて，あとの問いに答えなさい。

英語音声

Cl-13

中学生の太陽（たいよう）に留学生のアリス（Alice）がたずねています。会話の内容に合うように，(　)内のア，イから適するほうを選び，記号を○でかこみなさい。

(1) 太陽はアリスに(ア 秋葉山（あきはさん） イ 大森山（おおもりさん）)を登ることをすすめた。

(2) その山の高さは(ア 450 m イ 600 m)である。

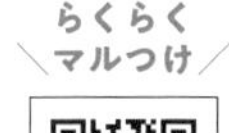

Ca-13

ウィンタースポーツをする

答えと解き方➡別冊 p.12

1 英単語　意味を書き，つづりも書いて，覚えましょう。

- □(1) winter sport　意味 ＿＿＿＿　✎ winter sport
- □(2) snowboard　意味 ＿＿＿＿　✎ snowboard
- □(3) ice hockey　意味 ＿＿＿＿　✎ ice hockey
- □(4) fall down　意味 ＿＿＿＿　✎ fall down
- □(5) improve　意味 ＿＿＿＿　✎ improve
- □(6) ski resort　意味 ＿＿＿＿　✎ ski resort
- □(7) own　意味 ＿＿＿＿　✎ own
- □(8) equipment　意味 ＿＿＿＿　✎ equipment
- □(9) experience　意味 ＿＿＿＿　✎ experience
- □(10) advice　意味 ＿＿＿＿　✎ advice

2 読解　次の英文を読んで，あとの設問に答えなさい。

中学生の真紀(まき)は，留学生のベラ(Bella)と教室で話しています。

Maki: I snowboarded for the first time yesterday.

Bella: Cool! Did you do well?

Maki: [①] I fell down many times. It was very difficult.

Bella: ② I'm sure you will improve. Are you going to do it again soon?

Maki: Yes, I'm going to the ski resort again next week.

(1) 質問に答える　[①] に入る３語の英文を書きなさい。

＿＿＿＿＿＿＿＿＿＿

(2) 「きっと…と思う」　下線部②を日本語にしなさい。

(　　　　　　　　　　)

(3) 内容の理解　本文の内容と合わないものを１つ選びなさい。

ア　真紀は長い間スノーボードをしている。

イ　真紀にとってスノーボードは難しい。

ウ　真紀は来週スノーボードをする。　(　　　　)

ヒント

(1) 直後の内容に注目。

(2) improve は「上達する」という意味。

(3) 真紀の発言に注目。

3 読解　次の英文を読んで，あとの設問に答えなさい。

中学生の啓介(けいすけ)は，留学生のビル(Bill)と教室で話しています。

Keisuke: ① Why don't we go skiing next weekend?

Bill: That sounds good! I often skied in my country, so I'm a good skier.

Keisuke: Winter sports are very popular in Canada.

Bill: That's right. But I didn't bring my ski equipment to Japan.

Keisuke: You can rent it at the ski resort. I will use my own ski wear (スキーウェア), but I will rent the other equipment.

Bill: I see. I don't have to rent gloves.

Keisuke: ② I don't have much experience in skiing, so (some / me / please / advice / give).

Bill: Yes, of course.

(1)　下線部①を日本語にしなさい。

(　　　　　　　　　　　　　　　　　　　　　　　　　　　　　　)

(2)　下線部②が意味の通る文になるように，(　)内の語を並べかえなさい。

..., so ＿＿＿＿＿＿＿＿＿＿＿＿＿＿＿＿＿＿＿＿＿＿＿＿＿＿.

(3)　次の質問に英語で答えなさい。

[1]　Where is Bill from? ＿＿＿＿＿＿＿＿＿＿＿＿＿＿＿

[2]　Will Keisuke rent some ski equipment? ＿＿＿＿＿＿＿＿＿＿

(4)　本文の内容に合うものには○，合わないものには×を書きなさい。

ア　(　　　)ビルは自分の手袋を持っている。

イ　(　　　)啓介はスキーが得意である。

4 リスニング　音声を聞いて，あとの問いに答えなさい。

＼英語音声／

CI-14

中学生の順(じゅん)とALTのウィルソン先生(Ms. Wilson)が話しています。順の得意なウィンタースポーツをア～ウから1つ選びなさい。

ア　スキー　　イ　アイスホッケー　　ウ　スケート　　(　　　　　)

＼らくらくマルつけ／

Ca-14

15 マリンスポーツをする

答えと解き方➡別冊 p.13

1 英単語　意味を書き，つづりも書いて，覚えましょう。

- □(1) marine sport 意味 ＿＿＿＿ ✎ marine sport
- □(2) surfing 意味 ＿＿＿＿ ✎ surfing
- □(3) snorkeling 意味 ＿＿＿＿ ✎ snorkeling
- □(4) scuba diving 意味 ＿＿＿＿ ✎ scuba diving
- □(5) flyboarding 意味 ＿＿＿＿ ✎ flyboarding
- □(6) dive 意味 ＿＿＿＿ ✎ dive
- □(7) deep 意味 ＿＿＿＿ ✎ deep
- □(8) balance 意味 ＿＿＿＿ ✎ balance
- □(9) instructor 意味 ＿＿＿＿ ✎ instructor
- □(10) be afraid of ... 意味 ＿＿＿＿ ✎ be afraid of ...

2 読解　次の英文を読んで，あとの設問に答えなさい。

中学生の友里子(ゆりこ)は，留学生のリンダ(Linda)と教室で話しています。

Linda:　I'm going to go to Okinawa this summer with my parents.

Yuriko:　① When I visited Okinawa, I went snorkeling. It was a lot of fun.

Linda:　I'm intereted in it, but can I do it? I'm not very good at swimming.

Yuriko:　Even in shallow(浅い) water, you can enjoy seeing coral reefs(サンゴ礁) and fish.

Linda:　Do you mean I [②] have to dive deep? Then I'll give it a try.

(1) 「…したとき」　下線部①を日本語にしなさい。

(　　　　　　　　　　　　　　　　)

(2) 「…する必要はない」　[②] に入る英語1語を書きなさい。

＿＿＿＿＿＿＿＿

(3) 内容の理解　本文の内容と合わないものを1つ選びなさい。

ア　友里子はシュノーケリングが楽しいと思った。

イ　リンダはシュノーケリングをしたことがある。

ウ　リンダは沖縄でシュノーケリングをするつもりだ。(　　　　)

ヒント

(1) go snorkeling は「シュノーケリングをする」という意味。

(2) 直前の内容に注目。

(3) 言いかえられている内容に注意。

3 読解　次の英文を読んで，あとの設問に答えなさい。

中学生の光輝(こうき)は，留学生のアダム(Adam)と教室で話しています。

Adam: I went flyboarding last Sunday.

Koki: What's flyboarding?

Adam: You stand on a board(板) on the water. The board has a hose(ホース) underneath(下側に) and water jets(噴出する) from the hose. You can fly due to(…によって) the water pressure(水圧). That's flyboarding!

Koki: That sounds exciting! Did you try it for the first time?

Adam: Yes. It wasn't so difficult. I just needed to keep my balance.

Koki: I'm a little interested in it, but I'm afraid of getting injured.

Adam: Don't worry. You will wear a life jacket and the instructor will help you. Let's go together next time.

(1) フライボードの説明になるように，(　)に適する日本語を書きなさい。

水の上で，ホースのついた(　　　　　　)に立ち，ホースから(　　　　　)が噴射されることで(　　　　　)ことができる。

(2) 下線部を日本語にしなさい。

(　　　　　　　　　　　　　　　　　　　　)

(3) 次の質問に英語で答えなさい。

[1] Is Adam afraid of flyboarding?

____

[2] What will Koki wear when he goes flyboarding?

____

4 リスニング　音声を聞いて，あとの問いに答えなさい。

英語音声

Cl-15

中学生のかすみと留学生のロン(Ron)が話しています。かすみがやってみたいマリンスポーツをア～ウから1つ選びなさい。

ア　シュノーケリング　　イ　スキューバダイビング　　ウ　サーフィン

(　　　　)

らくらくマルつけ

Ca-15

将来の夢を話す

答えと解き方➡別冊 p.14

1 英単語　意味を書き，つづりも書いて，覚えましょう。

- □(1) future　意味 ＿＿＿＿　future
- □(2) writer　意味 ＿＿＿＿　writer
- □(3) farmer　意味 ＿＿＿＿　farmer
- □(4) nursery teacher　意味 ＿＿＿＿　nursery teacher
- □(5) designer　意味 ＿＿＿＿　designer
- □(6) cartoonist　意味 ＿＿＿＿　cartoonist
- □(7) interpreter　意味 ＿＿＿＿　interpreter
- □(8) lawyer　意味 ＿＿＿＿　lawyer
- □(9) police officer　意味 ＿＿＿＿　police officer
- □(10) come true　意味 ＿＿＿＿　come true

2 読解　次の英文を読んで，あとの設問に答えなさい。

中学生の美月(みつき)は，英語の授業でスピーチをしています。

①My dream is to be a picture book writer. Picture books are important for children. They learn many things from picture books. [②] addition, picture books are important for parent-child (親子の) bonding (きずな). When I was a child, my mother often read picture books to me. I always enjoyed the time. I want to make many families happy with my picture books.

(1) 夢の伝え方　下線部①を日本語にしなさい。

(　　　　　　　　　　　　　　　　　　　　)

(2) 理由をつけ加える　[②] に入る英語1語を書きなさい。

＿＿＿＿＿＿

(3) 内容の理解　本文の内容と合うものを1つ選びなさい。

ア　絵本は大人も楽しめるものでなくてはならない。

イ　絵本は親子のきずなを深めるのに重要である。

ウ　美月は読み聞かせの時間が退屈だった。　(　　　　)

ヒント

(1) be は「…になる」という意味。

(2) 「その上，さらに」という意味になる。

(3) 書かれていない内容にも注意。

3 読解　次の英文を読んで，あとの設問に答えなさい。

ALT のスミス先生(Ms. Smith)は，生徒の翔子(しょうこ)と雅也(まさや)に質問しています。

Ms. Smith: ① What do you want to be in the future?

Shoko: I want to be a farmer. When I was an elementary school student, I grew tomatoes myself. I didn't like tomatoes at that time, but my tomatoes tasted delicious. Now I like them. I will be happy if people come to (…するようになる) like vegetables thanks [②] my vegetables.

Masaya: I want to be a nursery teacher. ③ I have two sisters and (take / often / them / of / I / care). They are very cute but young children need a lot of help. So I want to be a nursery teacher and support (支える) children well.

Ms. Smith: You have great dreams. I hope that your dreams come true!

(1) 下線部①を日本語にしなさい。

(　　　　　　　　　　　　　　　　)

(2) [②] に入る英語 1 語を書きなさい。 ＿＿＿＿＿

(3) 下線部③が意味の通る文になるように，(　)内の語を並べかえなさい。

... and ＿＿＿＿＿＿＿＿＿＿＿＿＿＿＿＿＿＿＿＿＿＿＿.

(4) 本文の内容に合うように＿＿に 1 語ずつ補って，文を完成させなさい。

[1] After growing ＿＿＿＿＿ herself, Shoko came to like them.

[2] Masaya wants to ＿＿＿＿＿ children as a ＿＿＿＿＿ teacher.

4 リスニング　音声を聞いて，あとの問いに答えなさい。

英語音声

Cl-16

中学生の千尋(ちひろ)と留学生のダニエル(Daniel)が話しています。2 人の将来の夢を下のア～エからそれぞれ 1 つずつ選びなさい。

(1) 千尋 (　　　　)　　(2) ダニエル (　　　　)

ア　デザイナー　　イ　マンガ家　　ウ　教師　　エ　通訳者

らくらくマルつけ

Ca-16

家族の仕事について話す

答えと解き方➡別冊 p.15

1 英単語　意味を書き，つづりも書いて，覚えましょう。

- □(1) job　意味 ＿＿＿＿　job
- □(2) pilot　意味 ＿＿＿＿　pilot
- □(3) flight attendant　意味 ＿＿＿＿　flight attendant
- □(4) driver　意味 ＿＿＿＿　driver
- □(5) engineer　意味 ＿＿＿＿　engineer
- □(6) professor　意味 ＿＿＿＿　professor
- □(7) nursing home　意味 ＿＿＿＿　nursing home
- □(8) workplace　意味 ＿＿＿＿　workplace
- □(9) smile　意味 ＿＿＿＿　smile
- □(10) university　意味 ＿＿＿＿　university

2 読解　次の英文を読んで，あとの設問に答えなさい。

中学生の舞香(まいか)は，留学生のエリック(Eric)と教室で話しています。

Maika: What's your father's job?

Eric: My father is a pilot. And ① <u>my mother works as a flight attendant.</u>

Maika: Then did ② <u>they</u> first meet at work?

Eric: No. They met when they were high school students. They are busy every day, but I want to be a pilot like my father in the future.

(1) 職業の表し方　下線部①を日本語にしなさい。

(　　　　　　　　　　　　)

(2) 相手への伝え方　下線部②を英語２語で書きかえなさい。

＿＿＿＿＿＿＿＿

(3) 内容の理解　本文の内容と<u>合わないもの</u>を１つ選びなさい。

ア　エリックの父と母は職場で知り合った。

イ　エリックの父と母の仕事はとてもいそがしい。

ウ　エリックは父と同じ仕事に就きたい。　(　　　)

ヒント

(1) flight attendant は「客室乗務員」という意味。

(2) 舞香がエリックに向かって話しているということにも注意。

(3) エリックの発言に注目。

③ 読解　次の英文を読んで，あとの設問に答えなさい。

ALTのジョーンズ先生(Mr. Jones)は，生徒の陸(りく)と真理奈(まりな)と話しています。

Mr. Jones: Please talk about your parents' jobs.

Riku: My father's job is driving a taxi. He always says he is happy [①] people safely(安全に) to their destinations(目的地). I think he is great because he knows this town very well.

Mr. Jones: I see. Your father is a taxi [②]. That's a great job. How about your parents, Marina?

Marina: My mother works in a nursing home. I visited her workplace before. ③ She was talking with the residents(入居者) with a smile and they also looked happy.

Mr. Jones: Caregiving(介護) is a hard but very important job. Thank you both.

(1) [①] に入るものをア～ウから1つ選びなさい。

ア to take　イ takes　ウ take　(　　)

(2) [②] に入る英語1語を書きなさい。　＿＿＿＿

(3) 下線部③を日本語にしなさい。

(　　　　)

(4) 本文の内容に合うものには○，合わないものには×を書きなさい。

ア (　　) 陸は父のおかげで，町のことについてよく知っている。

イ (　　) 真理奈は母が働く様子を見たことがある。

ウ (　　) ジョーンズ先生は介護を大変な仕事だと思っている。

④ リスニング　音声を聞いて，あとの問いに答えなさい。

英語音声

Cl-17

中学生の彰(あきら)と留学生のメグ(Meg)が話しています。会話の内容に合うように(　)に日本語を補って，文を完成させなさい。

(1) 彰の父の職業は(　　　　)である。

(2) 彰の母は(　　　　)で歴史を教えている。

らくらくマルつけ

Ca-17

尊敬する仕事について話す

Ci-18

答えと解き方➡別冊 p.16

1 英単語　意味を書き，つづりも書いて，覚えましょう。

□(1) respect　意味 ＿＿＿＿　respect

□(2) dentist　意味 ＿＿＿＿　dentist

□(3) patient　意味 ＿＿＿＿　patient

□(4) advance　意味 ＿＿＿＿　advance

□(5) be responsible for ...　意味 ＿＿＿＿　be responsible for ...

□(6) keep ...ing　意味 ＿＿＿＿　keep ...ing

□(7) get well　意味 ＿＿＿＿　get well

□(8) not only ... but also ～　意味 ＿＿＿＿　not only ... but also ～

2 読解　次の英文を読んで，あとの設問に答えなさい。

中学生の俊夫(としお)は，留学生のノラ(Nora)と教室で話しています。

Nora: I respect your mother. Doctors are responsible [①] the lives of their patients. That's a very hard job.

Toshio: Right. And medicine(医療) is constantly(絶えず) advancing. Doctors have to keep ②(study). But my mother says that she is very happy when her patients get well.

(1) 「責任がある」 [①] に入る語をア～ウから1つ選びなさい。　ア of　イ in　ウ for　(　　　)

(2) 動詞の形　②の(　)内の語を適する形に直しなさい。

＿＿＿＿＿＿

(3) 内容の理解　本文の内容と合わないものを1つ選びなさい。

ア　俊夫の母は医者である。

イ　俊夫は医者が大変な仕事だと思っている。

ウ　俊夫の母は医療を学べることがうれしい。　(　　　)

ヒント

(1) 「…に責任がある」という意味になる。

(2) 「…し続ける」という意味になる。

(3) 書かれていない内容に注意。

3 読解　次の英文を読んで，あとの設問に答えなさい。

中学生の友美(ともみ)は，留学生のオリビア(Olivia)と教室で話しています。

Olivia: What's your sister's job?

Tomomi: She works as a nursery teacher.

Olivia: Oh, really? I respect nursery teachers very much. ① I think (with / is / working / very hard / small children / that). They are cute, but often don't listen to adults.

Tomomi: I respect not only nursery teachers, [②] also elementary, junior high and high school teachers. ③ They are responsible for the future of many students.

Olivia: But I'm sure they are happy when their students become fine adults. I'm interested in becoming a teacher now.

(1) 下線部①が意味の通る文になるように，(　)内の語句を並べかえなさい。

I think ＿＿＿＿＿＿＿＿＿＿＿＿＿＿＿＿＿＿＿＿.

(2) [②] に入る英語1語を書きなさい。　＿＿＿＿＿＿

(3) 下線部③を日本語にしなさい。

(　　　　　　　　　　　　　　　　　　　　)

(4) 本文の内容に合うものには○，合わないものには×を書きなさい。

ア (　　　) オリビアは友美の姉の職業を尊敬している。

イ (　　　) 友美は，小さい子どもはかわいいと言っている。

ウ (　　　) オリビアは教師になりたいと思っている。

4 リスニング　音声を聞いて，あとの問いに答えなさい。

英語音声

Cl-18

中学生の玲子(れいこ)と留学生のハリー(Harry)が話しています。会話の内容に合うように(　)に日本語を補って，文を完成させなさい。

玲子は，すぐに(　　　　　　　　　　)を理解することができる(　　　　　　　　　　)を尊敬している。

らくらくマルつけ

Ca-18

職業体験をする

答えと解き方➡別冊 p.17

1 英単語　意味を書き，つづりも書いて，覚えましょう。

□(1) Career Day 意味 ________ ✎ Career Day
□(2) customer 意味 ________ ✎ customer
□(3) librarian 意味 ________ ✎ librarian
□(4) journalist 意味 ________ ✎ journalist
□(5) illustrator 意味 ________ ✎ illustrator
□(6) editor 意味 ________ ✎ editor
□(7) happen 意味 ________ ✎ happen
□(8) shelf 意味 ________ ✎ shelf
□(9) at first 意味 ________ ✎ at first
□(10) be grateful for ... 意味 ________ ✎ be grateful for ...

2 読解　次の英文を読んで，あとの設問に答えなさい。

中学生の文香(ふみか)は，留学生のエミリー(Emily)と教室で話しています。

Fumika: [①] do you want to go on Career Day next month?

Emily: I want to go to the florist. Because people often buy flowers when something good happens, many of the customers at the florist are smiling. I want to be a florist and see people's smiles in the future.

Fumika: I see. ② Working at the florist sounds fun. I want to go with you.

(1) 希望をたずねる　[①] に入る英語1語を書きなさい。

____

(2) 感想を伝える　下線部②を日本語にしなさい。

(　　　　　　　　　　)

(3) 内容の理解　本文の内容と合わないものを1つ選びなさい。

ア　文香たちは来月，職業体験に行く。

イ　エミリーは，多くの人は花を見て笑顔になると考えている。

ウ　文香とエミリーは同じ場所で職業体験をする。　(　　　)

ヒント
(1) 答えの文を見て考える。
(2) sound は「…に思われる」という意味。
(3) 原因と結果の関係に注意。

3 読解　次の英文を読んで，あとの設問に答えなさい。

中学生の辰雄(たつお)は，英語で職業体験のレポートを書きました。

I went to the library for my work experience [①] I like the library and often go there on weekends.

First, I put books back on the shelves. I checked the numbers on the book labels(ラベル) and put them on the shelves with the same numbers. Finding the correct(正しい) shelves was very difficult. Now I know that ② <u>we can find books easily thanks to librarians.</u>

I also read picture books to small children. I was nervous at first, but I enjoyed reading and the children looked happy.

I learned that librarians have a lot of ③ <u>するべき仕事</u>. I'm grateful for their hard work.

(1) [①] に入る語をア～ウから1つ選びなさい。

ア when　イ because　ウ if　（　　　）

(2) 下線部②を日本語にしなさい。

（　　　　　　　　　　）

(3) 下線部③の日本語を，英語3語で書きなさい。

______ ______ ______

(4) 本文の内容に合うものには○，合わないものには×を書きなさい。

ア（　　）辰雄は本をたなに戻す作業が難しいと思った。

イ（　　）辰雄は緊張して，読み聞かせを楽しめなかった。

4 リスニング　音声を聞いて，あとの問いに答えなさい。

英語音声

Cl-19

中学生の恭一(きょういち)とALTのデイビス先生(Ms. Davis)が話しています。会話の内容に合うように______に1語ずつ補って，文を完成させなさい。

Kyoichi wants to go to the ______ for his work experience to learn about ______. He wants to be a ______ in the future.

らくらくマルつけ

Ca-19

リモートワークについて考える

答えと解き方➡別冊 p.17

1 英単語　意味を書き，つづりも書いて，覚えましょう。

□(1) remote work　意味 ________　remote work
□(2) remotely　意味 ________　remotely
□(3) company　意味 ________　company
□(4) office　意味 ________　office
□(5) advantage　意味 ________　advantage
□(6) disadvantage　意味 ________　disadvantage
□(7) common　意味 ________　common
□(8) stressful　意味 ________　stressful
□(9) concentrate on ...　意味 ________　concentrate on ...
□(10) introduce　意味 ________　introduce

2 読 解　次の英文を読んで，あとの設問に答えなさい。

中学生の栄治(えいじ)は，クラスメートのサラ(Sarah)と教室で話しています。

Eiji: These days(最近) my father works remotely two or three days a week.

Sarah: My mother also works from home every day. She says she can spend more(より多くの) time on her hobbies.

Eiji: My father says he can't concentrate [①] his work at home.

Sarah: Remote work has both advantages and [②].

(1) 「集中する」 [①] に入る語をア〜ウから1つ選びなさい。　ア on　イ to　ウ with　(　　　)

(2) 反対語 [②] に入る英語1語を書きなさい。

____

(3) 内容の理解　本文の内容と合わないものを1つ選びなさい。
ア 栄治の父は週に2，3日リモートワークをしている。
イ サラの母は毎日リモートワークをしている。
ウ サラの母はあまり趣味の時間がない。　(　　　)

ヒント
(1) 「…に集中する」という意味になる。
(2) 「長所と…の両方がある」という意味になる。
(3) work from home は「家で働く，在宅ワークをする」という意味。

3 読解　次の英文を読んで，あとの設問に答えなさい。

中学生の樹生(たつき)と知佳(ちか)，留学生のソフィア(Sophia)が教室で話しています。

Tatsuki: ① Remote work is becoming common in Japan these days.

Chika: In the future, do you want to work from home or in an office?

Sophia: I want to work from home. I think working in an office will be stressful for me. At home, I can work in a [②] state(状態).

Tatsuki: I don't think working from home is good for me. Even now, I can't concentrate on studying in my room! How about you, Chika?

Chika: My father's company introduced remote work recently. Because the office is far from our house, he had to leave home very early before. Now he has breakfast with us. I want to work from home and have more time with my family.

(1)　下線部①を日本語にしなさい。

(　　　　　　　　　　　　　　　　　　　　)

(2)　[②] に入る語をア～ウから１つ選びなさい。

ア　bored　　イ　nervous　　ウ　relaxed　　(　　　　)

(3)　本文の内容に合うように＿＿に１語ずつ補って，文を完成させなさい。

[1]　Tatsuki wants to work in an office because he doesn't think he can ＿＿＿＿ ＿＿＿＿ his work at home.

[2]　Chika's father couldn't ＿＿＿＿ ＿＿＿＿ with his family before because he had to ＿＿＿＿ ＿＿＿＿ very early.

4 リスニング　音声を聞いて，あとの問いに答えなさい。

英語音声

Cl-20

中学生の理沙(りさ)と留学生のトーマス(Thomas)が話しています。会話の内容に合うように(　)に日本語を補って，文を完成させなさい。

(1)　理沙は(　　　　　　　　　　　　　　)がいやなので，リモートワークをしたい。

(2)　トーマスは，会社で人に(　　　　　　　)ができるほうがよいと考えている。

らくらくマルつけ

Ca-20

21 まとめのテスト❶

／100点

答えと解き方➡別冊 p.18

1 英単語　次の英語は日本語に，日本語は英語になおしなさい。［3点×10＝30点］

(1) adult (　　　) (2) shelf (　　　)

(3) creature (　　　) (4) ask (　　　)

(5) weekday (　　　) (6) デザイナー ＿＿＿＿

(7) 尊敬する ＿＿＿＿ (8) 大学 ＿＿＿＿

(9) 経験，体験 ＿＿＿＿ (10) えさをやる ＿＿＿＿

2 読解　次の英文を読んで，あとの設問に答えなさい。［4点×5＝20点］

中学生の誠(まこと)は，クラスメートのフレッド(Fred)と教室で話しています。

Makoto: Good morning, Fred. How was your weekend?

Fred: I had a party at home [①] Saturday. My father's colleague(同僚), Mr. Lee, and his family came and we had dinner together.

Makoto: I see. Did you have a good time?

Fred: Yes. Mr. Lee has a son(息子) and ② he is the same age(年齢) as me. I enjoyed talking [③] him about our favorite video games.

Makoto: That's good. By the way, [④] your father's job?

Fred: He is a computer programmer(プログラマー).

(1) [①], [③] に入る語をア～オからそれぞれ1つずつ選びなさい。

ア in　イ for　ウ with　エ at　オ on

①(　　　)　③(　　　)

(2) 下線部②を英語3語で書きかえなさい。＿＿＿＿

(3) [④] に入る英語1語を書きなさい。＿＿＿＿

(4) 本文の内容と合わないものを1つ選びなさい。

ア フレッドはリーさん(Mr. Lee)の家で夕食を食べた。

イ フレッドはパーティーを楽しんだ。

ウ フレッドの父親はプログラマーである。 (　　　)

3 読解　次の英文を読んで，あとの設問に答えなさい。[32点]

中学生の美波(みなみ)は，クラスメートのジュリア(Julia)と教室で話しています。

Minami: ① (give / something / have / to / I / you). Here you are.
Julia: Oh, thank you, but why?
Minami: I bought this pen at the amusement park as a souvenir for you.
Julia: It has the amusement park mascot on it. It's cute! [②] there?
Minami: I went there last Sunday. There were so many people!
Julia: I'm going to take a trip to Kyoto with my family next week. So I will buy a souvenir for you there.
Minami: Thank you. I'm looking forward to ③ it.

(1) 下線部①が「私はあなたに渡したいものがあります」という意味の文になるように，( )内の語を並べかえなさい。(6点)

______________________________.

(2) [②] に入る英語4語を書きなさい。(6点)

____

(3) 下線部③が指すものを日本語で書きなさい。(6点)　(　　　　　　　　)

(4) 次の質問に英語で答えなさい。(7点×2＝14点)

［1］ What did Minami give to Julia as a souvenir?

____

［2］ Was the amusement park crowded last Sunday?

____

4 リスニング　音声を聞いて，あとの問いに答えなさい。[6点×3＝18点]

＼英語音声／

CI-21

中学生の冬樹(ふゆき)とALTのグリーン先生(Ms. Green)が話しています。会話の内容に合うように( )に日本語を補って，文を完成させなさい。

冬樹は(　　　　　　　　)として働いていた祖父を尊敬している。

祖父のように(　　　　　　　　　　　　)ために，

(　　　　　　　　)になりたいと思っている。

＼らくらくマルつけ／

Ca-21

デパートで

答えと解き方➡別冊 p.19

1 英単語　意味を書き，つづりも書いて，覚えましょう。

- □(1) section　意味 ＿＿＿＿　section
- □(2) department　意味 ＿＿＿＿　department
- □(3) escalator　意味 ＿＿＿＿　escalator
- □(4) elevator　意味 ＿＿＿＿　elevator
- □(5) stairs　意味 ＿＿＿＿　stairs
- □(6) exit　意味 ＿＿＿＿　exit
- □(7) restroom　意味 ＿＿＿＿　restroom
- □(8) aisle　意味 ＿＿＿＿　aisle
- □(9) cashier　意味 ＿＿＿＿　cashier
- □(10) next to ...　意味 ＿＿＿＿　next to ...

2 読 解　次の英文を読んで，あとの設問に答えなさい。

中学生の圭太(けいた)は，デパートで店員と話しています。

Keita: Excuse me. [①] is the sports equipment (スポーツ用品) section?

Clerk: It's on the fourth floor. The elevator is over there.

Keita: Thank you, but I want to use the stairs.

Clerk: Sure. The stairs are next to the elevator.

(1) 場所のたずね方　[①] に入る英語1語を書きなさい。

＿＿＿＿＿＿

(2) 場所の表し方　階段のある場所を，日本語で書きなさい。

(　　　　　　　　　　　　)

(3) 内容の理解　本文の内容と合うものを1つ選びなさい。

ア　圭太はスポーツ用品コーナーを探している。

イ　圭太は5階に向かう。

ウ　圭太は売り場までエスカレーターで向かう。

(　　　)

ヒント
(1) 場所をたずねるときに使う語を考える。
(2) 「階段」は stair の複数形 stairs で表す。
(3) 場所や階数を示す表現に注意。

3 読解　次の英文を読んで，あとの設問に答えなさい。

中学生の桃花(ももか)は，デパートで案内係の店員と話しています。

Momoka: Excuse me. ① Where can I find the shoe department?

Clerk: You'll find it on the ［ ② ］. Take the elevator, then it's on your left. The department is very crowded today.

Momoka: Are you talking about the elevators over there?

Clerk: Yes, but please be careful. The right one doesn't stop at every floor. It goes directly to the top floor. Use the left one.

directly 直行して　top floor 最上階

Momoka: I see! Thank you.

(1) 下線部①を日本語にしなさい。

(　　　　　　　　　　　　　　　　　　　　　　　　　　　　　　)

(2) 「3階」という意味になるように，［ ② ］に適する英語2語を入れなさい。

＿＿＿＿＿＿　＿＿＿＿＿＿

(3) 次の質問に英語で答えなさい。

Does the elevator on the right side stop at every floor?

＿＿＿＿＿＿＿＿＿＿＿＿＿＿＿＿＿＿＿＿＿＿＿＿＿＿＿＿＿＿

(4) 本文の内容に合うものには○，合わないものには×を書きなさい。

ア (　　　) くつ売り場はエレベーターを降りて右側にある。

イ (　　　) 今日はくつ売り場はとてもこんでいる。

ウ (　　　) どのエレベーターを利用しても，各階で降りることができる。

4 リスニング　音声を聞いて，あとの問いに答えなさい。

英語音声

Cl-22

中学生の修(おさむ)がデパートの案内係の店員に質問しています。下の会話の＿＿に1語ずつ補って，会話を完成させなさい。

Osamu: ＿＿＿＿＿＿ ＿＿＿＿＿＿ the clothing section?

Clerk: It's ＿＿＿＿＿＿ the ＿＿＿＿＿＿ floor.

らくらくマルつけ

Ca-22

図書館で本を借りる

答えと解き方➡別冊 p.20

1 英単語　意味を書き，つづりも書いて，覚えましょう。

- □(1) extend　意味 ＿＿＿＿　extend ＿＿＿＿
- □(2) extention　意味 ＿＿＿＿　extention ＿＿＿＿
- □(3) reserve　意味 ＿＿＿＿　reserve ＿＿＿＿
- □(4) overdue　意味 ＿＿＿＿　overdue ＿＿＿＿
- □(5) due date　意味 ＿＿＿＿　due date ＿＿＿＿
- □(6) loan　意味 ＿＿＿＿　loan ＿＿＿＿
- □(7) on loan　意味 ＿＿＿＿　on loan ＿＿＿＿
- □(8) library card　意味 ＿＿＿＿　library card ＿＿＿＿
- □(9) up to ...　意味 ＿＿＿＿　up to ... ＿＿＿＿
- □(10) once　意味 ＿＿＿＿　once ＿＿＿＿

2 読解　次の英文を読んで，あとの設問に答えなさい。

中学生の晴翔（はると）は，留学先の図書館で，本の貸し出しの際の注意事項を見ています。

1. Number of Books: You can [①] up to five books at a time.
2. Borrowing Period（期間）: You can borrow books for two weeks.
3. Returns: You can return books at the return desk during library hours（営業時間）.
4. Extension: You can extend the borrowing period once for an additional（追加の） two weeks.

(1) 「借りる」の表し方　[①] に「借りる」を表す英語1語を書きなさい。 ＿＿＿＿

(2) 時の表し方　1回の貸し出し期間を日本語で書きなさい。
(　　　　　　　　)

(3) 内容の理解　本文の内容と合うものを1つ選びなさい。

ア　図書館の開館時間以外でも本の返却ができる。

イ　貸し出しの延長は何度でもできる。

ウ　延長でさらに2週間，本を借りられる。　(　　　　)

ヒント

(1) 動詞が入る。

(2) for は「…(の)間」と期間を示す表現。

(3) それぞれの項目の内容を整理する。

③ 読 解　次の英文を読んで，あとの設問に答えなさい。

中学生の萌絵（もえ）が留学先の図書館で本を借りようとしています。

Moe: Excuse me. ①(borrow / would / like / I / to) these two books.
Librarian: Sure. Do you have your library card?
Moe: Yes. Here you are.
Librarian: Oh, you have an overdue book from last month.
Moe: Oh, I forgot to return ②it. I'm sorry about that.
Librarian: No problem. When can you return it?
Moe: Today. I'll return it right after this.
Librarian: When you return the overdue book, you can check out the new ones.

（right after：ただちに　check out：借りる）

(1) 下線部①が意味の通る文になるように，(　)内の語を並べかえなさい。

＿＿＿＿＿＿＿＿＿＿＿＿ these two books.

(2) 下線部②が指す内容を日本語で書きなさい。　(　　　　　　　　)

(3) 次の質問に英語で答えなさい。

When will Moe return the book?

＿＿＿＿＿＿＿＿＿＿＿＿

(4) 本文の内容に合うものには○，合わないものには×を書きなさい。

ア (　　　) 萌絵は図書館カードを持っている。
イ (　　　) 萌絵は先月借りた本を延滞していた。
ウ (　　　) 延滞していた本を返さなくても，新しい本を借りられる。

④ リスニング　音声を聞いて，あとの問いに答えなさい。

英語音声
Cl-23

中学生の海斗（かいと）と図書館員が話しています。会話の内容に合うように＿＿に1語ずつ補って，文を完成させなさい。

Kaito borrowed ＿＿＿＿ books. He needs to ＿＿＿＿ them by ＿＿＿＿ 20.

らくらくマルつけ
Ca-23

図書館で本を探す

答えと解き方➡別冊 p.21

1 英単語　意味を書き，つづりも書いて，覚えましょう。

□(1) genre　意味 ＿＿＿＿　genre
□(2) title　意味 ＿＿＿＿　title
□(3) author　意味 ＿＿＿＿　author
□(4) cover　意味 ＿＿＿＿　cover
□(5) mystery　意味 ＿＿＿＿　mystery
□(6) romance　意味 ＿＿＿＿　romance
□(7) fantasy　意味 ＿＿＿＿　fantasy
□(8) edition　意味 ＿＿＿＿　edition
□(9) bookshelf　意味 ＿＿＿＿　bookshelf
□(10) fiction　意味 ＿＿＿＿　fiction

2 読 解　次の英文を読んで，あとの設問に答えなさい。

中学生の咲(さき)が図書館で本を探しているとき，図書館員に話しかけています。

Saki: ① I'm looking for a book. It's about dinosaurs(恐竜). Can you help me?

Librarian: Of course. The dinosaur books are in the science section on the second floor. It's next [②] the math section.

Saki: I see. Thank you very much.

(1) 現在進行中の動作　下線部①を日本語にしなさい。

(　　　　　　　　)

(2) 「…のとなりに」　[②] に入る語をア～ウから１つ選びなさい。　ア in　イ from　ウ to　(　　　)

(3) 内容の理解　本文の内容と合わないものを１つ選びなさい。

ア　咲は恐竜についての本を探している。

イ　咲の探している本は科学コーナーにある。

ウ　科学コーナーは３階にある。　(　　　)

ヒント
(1) look for ... は「…を探す」という意味。
(2) 空所を含む文は「それは数学コーナーのとなりにあります」という意味。
(3) 場所や階数を示す表現に注意。

③ 読解　次の英文を読んで，あとの設問に答えなさい。

中学生の蓮（れん）が図書館で本を探しているとき，図書館員に話しかけています。

Ren: Excuse me. I'm looking for a book, but ① I can't find it on the shelf.

Librarian: I see. Which shelf did you look at?

Ren: The one in the mystery section. I saw the book there yesterday.

Librarian: OK. ② Can you tell me the title of the book?

Ren: Sure. It's "Secret in the Shadows."
『影の中の秘密』(架空の本のタイトル)

Librarian: Oh, it's now on loan. But we have the Japanese edition of "Secret in the Shadows." Would you like to borrow that instead?
代わりに

Ren: Yes, that would be great. Thank you!

(1) 下線部①の理由となるように，(　　)に適する日本語を書きなさい。

蓮の探していた本は現在，(　　　　　　　　　　)だったから。

(2) 下線部②を日本語にしなさい。

(　　　　　　　　　　　　　　　　　　　　)

(3) 次の質問に英語で答えなさい。

When did Ren see the book "Secret in the Shadows"?

____

(4) 本文の内容に合うものには○，合わないものには×を書きなさい。

ア (　　　) 蓮はミステリーコーナーで本を探していた。

イ (　　　) 図書館には，『影の中の秘密』の日本語版がある。

ウ (　　　) 蓮は『影の中の秘密』が返却されてから借りるつもりだ。

④ リスニング　音声を聞いて，あとの問いに答えなさい。

英語音声

Cl-24

中学生の沙也（さや）が図書館で本を探しているとき，図書館員に話しかけています。沙也の探している本について，(　　)に適する日本語を書きなさい。

(1) その本は(　　　　　　　　　　)色の表紙をしている。

(2) 沙也はその本の(　　　　　　　　　　　　)がわからなかった。

らくらくマルつけ

Ca-24

郵便局で

答えと解き方➡別冊 p.22

1 英単語　意味を書き，つづりも書いて，覚えましょう。

- □(1) letter　意味 ＿＿＿＿　letter
- □(2) envelope　意味 ＿＿＿＿　envelope
- □(3) stamp　意味 ＿＿＿＿　stamp
- □(4) parcel　意味 ＿＿＿＿　parcel
- □(5) mailbox　意味 ＿＿＿＿　mailbox
- □(6) postage　意味 ＿＿＿＿　postage
- □(7) zip code　意味 ＿＿＿＿　zip code
- □(8) express mail　意味 ＿＿＿＿　express mail
- □(9) by express　意味 ＿＿＿＿　by express
- □(10) cost　意味 ＿＿＿＿　cost

2 読解　次の英文を読んで，あとの設問に答えなさい。

日本に留学中のエマ(Emma)は，郵便局で手紙を送ろうとしています。

Emma: Excuse me. I want to send this letter [①] my friend in the U.S.

Clerk: ② Can you show me the letter?

Emma: Sure. Here you are. I want to send it by regular mail.（regular mail：普通郵便）

Clerk: OK. It costs 140 yen and takes about 18 days.

(1) 「…を送る」の表し方　[①] に入る語をア～ウから1つ選びなさい。

ア in　イ to　ウ from　(　　　)

(2) showの使い方　下線部②を日本語にしなさい。

(　　　　　　　　　　)

(3) 内容の理解　本文の内容と合わないものを1つ選びなさい。

ア エマの友だちは，アメリカ合衆国にいる。

イ エマは速達で手紙を送るつもりである。

ウ 手紙が届くのに，約18日かかる。　(　　　)

ヒント

(1) 「友だちに」と方向を示している。

(2) 〈show＋人＋もの〉の語順になっていることに注目。

(3) 手紙の送り方や値段，所要日数に注意。

3 読解　次の英文を読んで，あとの設問に答えなさい。

中学生の健（けん）が，留学先のアメリカの郵便局で局員と話しています。

Ken: I want to send a postcard to my parents in Japan.

Clerk: OK. Do you have the postcard with you?

Ken: Yes, here it is. I want to send it to Tokyo.

Clerk: All right. The address is OK, but you need to put a stamp on it.

Ken: OK. [①] is a stamp to Tokyo?

Clerk: For international（国際の） postcards, it's $1.50. After putting on the stamp, drop the postcard in the mailbox. It'll take about 10 days.

Ken: I see. Thank you.

(1) [①]に入る英語2語を書きなさい。　＿＿＿＿　＿＿＿＿

(2) はがきを投函する前に，健がしなければならないことを日本語で書きなさい。

(　　　　　　　　　　　　　　　　　　　　　　)

(3) 次の質問に英語で答えなさい。

Where do Ken's parents live?

＿＿＿＿＿＿＿＿＿＿＿＿＿＿＿＿＿＿＿＿＿＿＿＿

(4) 本文の内容に合うものには○，合わないものには×を書きなさい。

ア (　　　)健ははがきに住所を書いていた。

イ (　　　)はがきは郵便ポストに入れて送ることができる。

ウ (　　　)はがきを発送するまで，10日ほどかかる。

4 リスニング　音声を聞いて，あとの問いに答えなさい。

英語音声 Cl-25

アメリカに住む中学生のジャック(Jack)が郵便局で局員と話しています。会話の内容に合うように，(　)に適する日本語や数字を書きなさい。

・郵便物：手紙

・あて先の国：(　　　　　　　)

・郵便料金：(　　　　　　)ドル

らくらくマルつけ Ca-25

レストランに入店する

答えと解き方➡別冊 p.22

1 英単語　意味を書き，つづりも書いて，覚えましょう。

- □(1) reservation　意味 ＿＿＿＿　reservation
- □(2) group　意味 ＿＿＿＿　group
- □(3) chef　意味 ＿＿＿＿　chef
- □(4) waiter　意味 ＿＿＿＿　waiter
- □(5) order　意味 ＿＿＿＿　order
- □(6) menu　意味 ＿＿＿＿　menu
- □(7) seat　意味 ＿＿＿＿　seat
- □(8) counter　意味 ＿＿＿＿　counter
- □(9) entrance　意味 ＿＿＿＿　entrance
- □(10) prefer　意味 ＿＿＿＿　prefer

2 読 解　次の英文を読んで，あとの設問に答えなさい。

香奈(かな)はレストランに入店するために，スタッフと話しています。

Staff: Welcome [①] our restaurant. [②] people are in your group?

Kana: Four. We don't have a reservation. Can we have a table?

Staff: Yes. Do you have a seating preference(座席の希望)?

Kana: Well, we would like a table by the window, please.

(1) 歓迎のしかた　[①] に入る英語1語を書きなさい。

＿＿＿＿

(2) 「数」のたずね方　[②] に入る英語2語を書きなさい。

＿＿＿＿　＿＿＿＿

(3) 内容の理解　本文の内容と合うものを1つ選びなさい。

ア　香奈はレストランを予約していた。

イ　レストランは満席で入ることができない。

ウ　香奈は窓際の席を希望した。　(　　　　)

ヒント

(1) 「…へようこそ」という意味を表す定型表現。

(2) Four.「4人です」と人数を答えている。

(3) by は「…のそばの」という意味の前置詞。

3 読 解　次の英文を読んで，あとの設問に答えなさい。

直人（なおと）がレストランに入店しようとしています。

Staff: Good evening. Do you have a reservation?

Naoto: Yes. I have a reservation under the name Suzuki.（…という名前で）

Staff: Yes, Mr. Suzuki. Your reservation is for [①] people, right?

Naoto: Yes, that's right. My two cousins and me.

Staff: Would you prefer a table near the entrance or the window?

Naoto: A table near the window would be nice because we want to enjoy the view. I hear we can see many birds here.

Staff: Yes, you can. Follow me, please.

(1) [①] に入る英語１語を書きなさい。

(2) 直人が窓際の席を希望した理由を日本語で書きなさい。

(　　　　　　　　　　　　　　　　　　　　)

(3) 次の質問に英語で答えなさい。

Did Naoto make a reservation at the restaurant?

(4) 本文の内容に合うものには○，合わないものには×を書きなさい。

ア (　　　) 直人は親戚といっしょにレストランを利用しようとしている。

イ (　　　) レストランの窓からは，鳥を見ることができる。

ウ (　　　) 直人の席は準備ができていなかったため，待たなければならなかった。

4 リスニング　音声を聞いて，あとの問いに答えなさい。

＼英語音声／

Cl-26

中学生の明（あきら）がレストランを訪れ，店員と話しています。そのあと，明は友だちの美羽（みう）にメールを送りました。会話の内容に合うように，次のメールの（　）に適する日本語や数字を書きなさい。

やあ，美羽。(　　　　　　) 人分の席が空いているか聞いたけれど，今は

(　　　　　　　　　　　　　　) から，待ち時間があるみたい。

だいたい (　　　　　　) 分待つ必要があるんだって。

＼らくらくマルつけ／

Ca-26

レストランの予約をする

答えと解き方➡別冊 p.23

1 英単語　意味を書き，つづりも書いて，覚えましょう。

□(1) available　意味 ＿＿＿＿　available
□(2) book（動詞）　意味 ＿＿＿＿　book
□(3) cancel　意味 ＿＿＿＿　cancel
□(4) spell　意味 ＿＿＿＿　spell
□(5) inside　意味 ＿＿＿＿　inside
□(6) outside　意味 ＿＿＿＿　outside
□(7) private room　意味 ＿＿＿＿　private room
□(8) dress　意味 ＿＿＿＿　dress
□(9) tonight　意味 ＿＿＿＿　tonight
□(10) allergic　意味 ＿＿＿＿　allergic

2 読解　次の英文を読んで，あとの設問に答えなさい。

中学生の香奈（かな）は，ファミリーレストランに電話をかけています。

Kana: I'd [①] make a reservation for tonight at seven.
Staff: Sure. How many people will be in your party?（一行）
Kana: Um, three people. Do you have an all-you-can-drink menu?（ドリンクバー，飲み放題）
Staff: Yes, we do.

(1) 願望の表し方　[①] に英語２語を入れ，「…したい」という意味にしなさい。
＿＿＿＿ ＿＿＿＿

(2) 時刻の表し方　香奈が予約した時刻を日本語で書きなさい。
（　　　　　　　　）

(3) 内容の理解　本文の内容と合わないものを１つ選びなさい。
ア　香奈は今日の予約をしている。
イ　香奈はドリンクバーを希望している。
ウ　香奈は１人分の予約をしている。　（　　　）

ヒント
(1) I'd は I　would の短縮形。
(2) 時刻を表す前置詞に注目。
(3) 予約の内容を整理する。

3 読解　次の英文を読んで，あとの設問に答えなさい。

卓(たく)は，レストランを予約するために電話をかけています。

Taku: I would like to make a reservation for two people for Sunday.

Staff: I'm sorry, but no tables are available on Sunday. Would you like to reserve for another day?

Taku: Then can I reserve for Saturday at 6 p.m.? And can I get a table by the window? I'd like a quiet table.

Staff: Yes, of course. Do you have any special requests?
特別なリクエスト

Taku: Yes. I'm allergic to eggs.

Staff: I see. Thank you for that information. We will take care of it.

(1) 卓が予約日を変更した理由となるように，(　)に適する日本語を書きなさい。

日曜日は，(　　　　　　　　　　　　　　　　　　)から。

(2) 下線部が表す内容となるように，(　)に適する日本語を書きなさい。

卓は(　　　　　　　　　　　　　　　　　　)であるという情報。

(3) 次の質問に英語で答えなさい。

How many people will visit the restaurant on Saturday?

(4) 本文の内容に合うものには○，合わないものには×を書きなさい。

ア (　　) 卓は土曜日の午後6時の予約をとった。

イ (　　) 卓は窓から離れた場所の席を予約した。

ウ (　　) 卓は静かな席がいいと思っている。

4 リスニング　音声を聞いて，あとの問いに答えなさい。

英語音声

Cl-27

エマ(Emma)がレストランの予約を電話で行っています。レストランのスタッフがとったメモとなるように，(　)に適する日本語や数字を書きなさい。

名前：エマ・スミス　　　人数：(　　　　)名

曜日：今度の(　　　　)曜日　　時刻：(　　　　)時

らくらくマルつけ

Ca-27

映画館で

答えと解き方➡別冊 p.24

1 英単語　意味を書き，つづりも書いて，覚えましょう。

- □ (1) screen　意味 ＿＿＿＿　screen
- □ (2) row　意味 ＿＿＿＿　row
- □ (3) front　意味 ＿＿＿＿　front
- □ (4) middle　意味 ＿＿＿＿　middle
- □ (5) back　意味 ＿＿＿＿　back
- □ (6) aisle seat　意味 ＿＿＿＿　aisle seat
- □ (7) subtitle　意味 ＿＿＿＿　subtitle
- □ (8) popcorn　意味 ＿＿＿＿　popcorn
- □ (9) soda　意味 ＿＿＿＿　soda
- □ (10) comedy　意味 ＿＿＿＿　comedy

2 読解　次の英文を読んで，あとの設問に答えなさい。

中学生の奈央（なお）は，友だちといっしょに映画館に来ました。

Nao: I'd like to see "The Dance." ① Can I get two student tickets?

Staff: Sure. "The Dance" starts [②] 3:00. That'll be $15 each (1人につき).

Nao: Here's $30. Where's Theater 3?

Staff: It's on the second floor. Take the escalator.

(1) 頼み方　下線部①を日本語にしなさい。

(　　　　　　　　　　　　)

(2) 時刻の表し方　[②] に英語1語を入れ，「3時に始まる」という意味にしなさい。

＿＿＿＿＿＿

(3) 内容の理解　本文の内容と合うものを1つ選びなさい。

ア　学生用のチケットは1人につき15ドルである。

イ　奈央は15ドル支払った。

ウ　映画は1階のシアター3で上映される。　(　　　　)

ヒント

(1) Can I ...? は許可を求める表現。

(2) 「…(時)に」という意味を表す前置詞。

(3) 「1階」は first floor。

3 読解　次の英文を読んで，あとの設問に答えなさい。

中学生の浩司(こうじ)は，友だちといっしょに映画館に来ました。

Koji: Can we get two student tickets for the new movie?

Staff: Sure. What [①] would you like to see it? We have shows at 3, 5 and 7 p.m. They have no Japanese subtitles.

Koji: I see. We'll watch the 5 p.m. show. Are regular (一般の) seats available?

Staff: Yes, of course. That'll be $18 for two students.

Koji: Could we get a small popcorn and two sodas?

Staff: That's an additional $10. Here are your tickets and snacks.

Koji: Thank you.

(1) [①] に入る英語１語を書きなさい。 ＿＿＿＿

(2) 浩司は合計でいくら支払いましたか。算用数字で答えなさい。 (　　　　)ドル

(3) 次の質問に英語で答えなさい。

[1] How many tickets did Koji buy?

＿＿＿＿＿＿＿＿＿＿

[2] What kind of food did Koji buy?

＿＿＿＿＿＿＿＿＿＿

(4) 本文の内容に合うものには○，合わないものには×を書きなさい。

ア (　　　)新しい映画は午後に３回上映されている。

イ (　　　)浩司は日本語字幕で映画を見る予定である。

ウ (　　　)一般席のチケットは売り切れていた。

4 リスニング　音声を聞いて，あとの問いに答えなさい。

英語音声

Cl-28

映画を見終わった浩司とエマ(Emma)が話しています。下の会話の＿＿に１語ずつ補って，会話を完成させなさい。

Emma: ＿＿＿＿ was the movie?

Koji: It was great. It ＿＿＿＿ me ＿＿＿＿.

らくらくマルつけ

Ca-28

ホテルで

答えと解き方➡別冊 p.25

❶ 英単語　意味を書き，つづりも書いて，覚えましょう。

□(1) rate　意味 ＿＿＿＿　rate
□(2) guest　意味 ＿＿＿＿　guest
□(3) fill in　意味 ＿＿＿＿　fill in
□(4) single　意味 ＿＿＿＿　single
□(5) double　意味 ＿＿＿＿　double
□(6) front desk　意味 ＿＿＿＿　front desk
□(7) safe（名詞）　意味 ＿＿＿＿　safe
□(8) lock　意味 ＿＿＿＿　lock
□(9) check in　意味 ＿＿＿＿　check in
□(10) check out　意味 ＿＿＿＿　check out

❷ 読解　次の英文を読んで，あとの設問に答えなさい。

美桜（みお）はホテルに宿泊するために，予約の電話をかけています。

Mio: I'd like to make a reservation from March 20 [①] 21.
Clerk: Certainly. ② How many people are going to stay?
Mio: Just one, but I'd like to stay in a large room. Is that OK?
Clerk: Yes. We can arrange（手配する） a double room for one person.

(1) 期間の表し方　[①] に適する英語1語を書きなさい。

＿＿＿＿＿＿

(2) 人数のたずね方　下線部②を日本語にしなさい。

（　　　　　　　　　　　　　　　）

(3) 内容の理解　本文の内容と合うものを1つ選びなさい。

ア　美桜は5月の予約をしている。
イ　美桜は1人でホテルに泊まる予定である。
ウ　美桜はシングルルームを予約した。　（　　　）

ヒント
(1) 前にある from は「…から」という意味。
(2) How many people が主語の疑問文。
(3) 人数をたずねられて，美桜はどのように答えているか考える。

3 読解　次の英文を読んで，あとの設問に答えなさい。

聡太(そうた)はベトナムのホテルのフロントで，宿泊するための手続きをしています。

Sota: Hello. I have a reservation under the name of Sota Kato.

Clerk: Hello, Mr. Kato. I have your reservation. You're going to stay with us in a single room from August 20 to 21, right?

Sota: Yes, that's right. Here's my passport.

Clerk: Thank you. Could you fill [①] this form(用紙), please? ... OK. Everything looks good. Your room is 506 on the fifth floor. Here's your key. You can have breakfast in the dining(食事の) area between 7 a.m. and 10 a.m.

Sota: That sounds great. I'm excited about this stay!

(1) [①] に入る英語1語を書きなさい。 ________

(2) 聡太はホテルでの宿泊に対してどう感じているか。日本語で書きなさい。

( )

(3) 次の質問に英語で答えなさい。

[1] How long will Sota stay at the hotel?

____

[2] Can Sota have breakfast at the hotel on the morning of August 21?

____

(4) 本文の内容に合うものには○，合わないものには×を書きなさい。

ア ( ) 聡太はシングルルームに宿泊する予定である。

イ ( ) 聡太はパスポートを忘れていた。

ウ ( ) 聡太の部屋は10階にある。

4 リスニング　音声を聞いて，あとの問いに答えなさい。

英語音声

Cl-29

純(じゅん)が宿泊先のホテルでチェックインをしています。純の宿泊期間について，( )に適する数字を書きなさい。

らくらくマルつけ

Ca-29

宿泊期間：( ) 月 ( ) 日から ( ) 泊

病院の予約をする

答えと解き方➡別冊 p.26

1 英単語 意味を書き，つづりも書いて，覚えましょう。

- □(1) appointment 意味 ＿＿＿＿ appointment
- □(2) medical 意味 ＿＿＿＿ medical
- □(3) ambulance 意味 ＿＿＿＿ ambulance
- □(4) insurance 意味 ＿＿＿＿ insurance
- □(5) date of birth 意味 ＿＿＿＿ date of birth
- □(6) checkup 意味 ＿＿＿＿ checkup
- □(7) clinic 意味 ＿＿＿＿ clinic
- □(8) pain 意味 ＿＿＿＿ pain
- □(9) cough 意味 ＿＿＿＿ cough
- □(10) hurt 意味 ＿＿＿＿ hurt

2 読解 次の英文を読んで，あとの設問に答えなさい。

陸(りく)は具合が悪いため，病院の予約をとろうと電話をしました。

Clerk: ① Can you tell me your first name? And your date of birth?

Riku: I'm Riku and my birthday is April 10, 2006. I have a sore throat.

Clerk: Thank you. How about tomorrow at 10 [②] the morning?

Riku: That will be fine. Thank you.

(1) 目的語が2つある文 下線部①を日本語にしなさい。

(　　　　　　　　　　　　)

(2) 時の表し方 [②] に入る英語1語を書きなさい。

＿＿＿＿＿＿

(3) 内容の理解 本文の内容と合わないものを1つ選びなさい。

ア 陸は10月生まれである。

イ 陸はのどの痛みがある。

ウ 陸は次の日の10時に予約した。 (　　　)

ヒント
(1)〈tell＋人＋もの〉で「(人)に(もの)を教える」という意味。
(2)「午前中に」という意味になる。
(3) 西暦や月日の表し方に注意。

3 読解　次の英文を読んで，あとの設問に答えなさい。

花(はな)は風邪をひいてせきがひどく出ているため，病院に電話をかけています。

Hana: I would like to make an appointment with Dr. Cole for this Friday.

Clerk: I'm sorry, but he isn't available this Friday. Can you choose another day?

Hana: How about this Saturday? My cough is worse than yesterday.

Clerk: Let me see .... OK. You can come at 11 a.m. this Saturday. May I have your name and your date of birth, please?

Hana: I'm Hana Suzuki. I was born on October 13, 2007.

Clerk: Thank you. We'll see you this Saturday at 11 a.m. If you need to change your appointment, please call us.

(1) 予約を変更する場合，どうすればよいか。日本語で答えなさい。

(　　　　　　　　　　　　　　　　　　　　　　)

(2) 花のせきの症状は，昨日と比べてどうなっているか。(　)に適する日本語を書きなさい。

せきは昨日より(　　　　　　　　　　　　　　)。

(3) 次の質問に英語で答えなさい。

When is Hana's birthday?

＿＿＿＿＿＿＿＿＿＿＿＿＿＿＿＿＿＿＿＿＿＿＿＿

(4) 本文の内容に合うものには○，合わないものには×を書きなさい。

ア (　　　)花はコール先生(Dr. Cole)の診察の予約をとりたいと思っていた。

イ (　　　)今週の木曜日は，病院に空きがなかった。

ウ (　　　)花は土曜日の午前11時に予約をとった。

4 リスニング　音声を聞いて，あとの問いに答えなさい。

英語音声

Cl-30

健次(けんじ)が病院の予約をとろうと電話をかけています。健次の予約の日程となるよう，(　)に適する日本語や数字を書きなさい。

らくらくマルつけ

Ca-30

曜日：今度の(　　　　　　　)曜日

午前／午後：(　　　　　　　)　　時間：(　　　　　)時

31 相手に調子をたずねる

答えと解き方➡別冊 p.26

1 英単語　意味を書き，つづりも書いて，覚えましょう。

- □(1) sick　意味 ＿＿＿＿　sick ＿＿＿＿
- □(2) upset　意味 ＿＿＿＿　upset ＿＿＿＿
- □(3) exhausted　意味 ＿＿＿＿　exhausted ＿＿＿＿
- □(4) cheerful　意味 ＿＿＿＿　cheerful ＿＿＿＿
- □(5) dizzy　意味 ＿＿＿＿　dizzy ＿＿＿＿
- □(6) awesome　意味 ＿＿＿＿　awesome ＿＿＿＿
- □(7) awful　意味 ＿＿＿＿　awful ＿＿＿＿
- □(8) feel well　意味 ＿＿＿＿　feel well ＿＿＿＿
- □(9) in trouble　意味 ＿＿＿＿　in trouble ＿＿＿＿
- □(10) at ease　意味 ＿＿＿＿　at ease ＿＿＿＿

2 読解　次の英文を読んで，あとの設問に答えなさい。

中学生の仁(じん)は，留学生のミア(Mia)と教室で話しています。

Jin: Hi, Mia. You [①] happy today. [②] are you?

Mia: Awesome! My parents bought me a new bike for my birthday.

Jin: I see. What kind of bike is it?

Mia: It's a road bike(ロードバイク). I like cycling, so the bike is great.

(1) 「…に見える」 [①] に入る語をア～ウから1つ選びなさい。

ア look　イ see　ウ watch　(　　　)

(2) 調子のたずね方 [②] に入る英語1語を書きなさい。

＿＿＿＿＿＿

(3) 内容の理解 本文の内容と合うものを1つ選びなさい。

ア ミアは誕生日に自転車を買ってもらった。

イ ミアが買ってもらったのはマウンテンバイクである。

ウ ミアはハイキングが好きである。　(　　　)

ヒント

(1) 「あなたはうれしそうに見えます」という意味になる。

(2) 「調子はどうですか」と相手にたずねる疑問文。

(3) buy は〈buy ＋人＋もの〉で「(人)に(もの)を買う」という意味。

③ 読解　次の英文を読んで，あとの設問に答えなさい。

中学生の悠乃(ゆの)は，留学生のルーク(Luke)と教室で話しています。

Yuno: Hi, Luke. How's it going? You don't look very good.

Luke: ① Well, I'm not feeling well. I have a bad headache now.

Yuno: Did you take any medicine?

Luke: Yes. I took some at home, but my headache is getting worse(ひどくなっている).

Yuno: Then you should go to the nurse's office(保健室). If you see the nurse and take a rest, you will probably(たぶん) feel better.

Luke: You're right. I'll take ② your advice.

(1) 下線部①を日本語にしなさい。

(　　　　　　　　　　　　　　　　　　　　　　　　　)

(2) 下線部②が指す内容になるように，(　)に適する日本語を書きなさい。

(　　　　　　　　　　　　　　　　　　　　)だというアドバイス。

(3) 次の質問に英語で答えなさい。

Where did Luke take some medicine?

____

(4) 本文の内容に合うものには○，合わないものには×を書きなさい。

ア (　　　) ルークは今は元気そうに見える。

イ (　　　) ルークは今，頭痛がしている。

ウ (　　　) ルークの体調は，だんだんよくなっている。

④ リスニング　音声を聞いて，あとの問いに答えなさい。

英語音声

Cl-31

中学生の奈々(なな)が，留学生のジョン(John)と教室で話しています。下の会話の______に1語ずつ補って，会話を完成させなさい。

Nana: Hi, John. ____________ are you today?

John: ____________ ____________ because I studied Japanese for five hours.

らくらくマルつけ

Ca-31

クラスメートの調子をたずねる

Ci-32

答えと解き方➡別冊 p.27

1 英単語　意味を書き，つづりも書いて，覚えましょう。

□(1) absent　意味 ______　absent
□(2) recover　意味 ______　recover
□(3) get over　意味 ______　get over
□(4) twist　意味 ______　twist
□(5) ankle　意味 ______　ankle
□(6) flu　意味 ______　flu
□(7) day off　意味 ______　day off
□(8) lack of sleep　意味 ______　lack of sleep
□(9) be sick in bed　意味 ______　be sick in bed
□(10) probably　意味 ______　probably

2 読解　次の英文を読んで，あとの設問に答えなさい。

中学生の朔斗（さくと）と留学生のクレア(Claire)が，クラスメートの彩（あや）について教室で話しています。

Sakuto: Hi, Claire. Aya is absent today. ① Is she feeling bad?
Claire: Yes. She's sick in bed. She caught the flu two days ago.
Sakuto: Oh, I hope she gets [②] soon.
Claire: She'll probably come to school next week.

(1) 体調のたずね方　下線部①を日本語にしなさい。
(　　　　　　　　　　)

(2) 体調の表し方　[②] に入る語をア～ウから１つ選びなさい。
ア along　イ well　ウ worse　(　　　)

(3) 内容の理解　本文の内容と合うものを１つ選びなさい。
ア 彩は今日は登校している。
イ 彩は２日前にインフルエンザにかかった。
ウ 彩は今週中に登校してくるだろう。　(　　　)

ヒント
(1) feel bad は「体調[気分]が悪い」という意味。
(2) I hope は「私は…だとよいと思う」という意味。
(3) 彩の現在の体調について整理する。

③ 読解　次の英文を読んで，あとの設問に答えなさい。

中学生の流花(るか)と留学生のボブ(Bob)が，同級生のエミリー(Emily)について話しています。

Ruka: Where's Emily? I didn't see her in class today.

Bob: Oh, she's not feeling well. She's at home now. I think she caught a cold(風邪). She was [①] yesterday, so she decided to stay home today.

Ruka: That's too bad. Did she go to the doctor(病院)?

Bob: Yes, she went with her mother yesterday evening. Actually(実は), I was thinking of visiting her after school. Do you want to go with me?

Ruka: ② That's a great idea! I'd love to. I'll bring her some fruit. I hope she recovers soon.

(1) [①] に入る語をア～ウから１つ選びなさい。　(　　　)

ア sick　　イ fine　　ウ good

(2) 下線部②が指す内容を日本語で答えなさい。

(　　　　　　　　　　　　　　　　　　　　)

(3) 次の質問に英語で答えなさい。

When did Emily go to the doctor?

____

(4) 本文の内容に合うものには○，合わないものには×を書きなさい。

ア (　　　) エミリーは現在，病院に入院している。

イ (　　　) エミリーは母親といっしょに病院に行った。

ウ (　　　) 流花はエミリーに果物を持っていくつもりだ。

④ リスニング　音声を聞いて，あとの問いに答えなさい。

英語音声 CI-32

中学生の香奈(かな)と留学生のマット(Matt)が，別の留学生のジェイク(Jake)について話しています。会話の内容に合うように_____に１語ずつ補って，文を完成させなさい。

Jake was __________ from tennis practice today because he broke his ankle __________ days ago.

らくらくマルつけ Ca-32

33 好きなことについて話す

答えと解き方➡別冊 p.28

1 英単語　意味を書き，つづりも書いて，覚えましょう。

		意味	
□(1)	teamwork	意味	teamwork
□(2)	friendship	意味	friendship
□(3)	adventure	意味	adventure
□(4)	tradition	意味	tradition
□(5)	connect	意味	connect
□(6)	charming	意味	charming
□(7)	character	意味	character
□(8)	hobby	意味	hobby
□(9)	pastime	意味	pastime
□(10)	be fond of ...	意味	be fond of ...

2 読解　次の英文を読んで，あとの設問に答えなさい。

中学生の岳（がく）が，自分の好きなものに関してスピーチをしています。

Hello, everyone. I like soccer the [①] of all sports. I often play soccer in the park after school. I'm not good at ② it, but it is a lot of fun. I also watch soccer games. Hikari Stadium is a good place to watch soccer. I feel excited when I watch the games. Thank you.

(1) 好きなものの言い方　[①] に入る英語１語を書きなさい。

____

(2) it の指すもの　下線部②が指すものを日本語で書きなさい。

(　　　　　　　　　　)

(3) 内容の理解　本文の内容と合わないものを１つ選びなさい。

ア　岳はよく公園でサッカーをする。

イ　岳はめったにサッカーを見ない。

ウ　岳はサッカーを見るとわくわくする。　(　　　)

ヒント

(1) 「～の中で…がいちばん好きです」という意味になる。

(2) 直前の文に注目。

(3) サッカーをすること・見ることそれぞれについて整理する。

3 読解　次の英文を読んで，あとの設問に答えなさい。

留学生のゾーイ(Zoe)が，自分の好きなものに関してスピーチをしています。

Hello, everyone. Today I'm going to talk about anime(（日本の）アニメ). I like anime very much. It tells many kinds of stories. Some stories are about friendship, adventure or love. Others are full of mystery and fantasy.

Anime often shows us different cultures and traditions. It's like a trip to another part of the world. Watching anime also teaches us about Japanese culture and language.

Watching anime is not just for fun. It connects us with the characters and stories. I hope everyone tries watching it and finds stories to enjoy.

(1) 下線部を日本語にしなさい。

(　　　　　　　　　　　　　　　　　　　　　　　　　　　　　　)

(2) ゾーイがアニメを何に例えているかわかるように，(　)に適する日本語を書きなさい。

アニメは(　　　　　　　　　　　　　　　　　　　　)のようなものだ。

(3) 次の質問に英語で答えなさい。

What does watching anime teach us?

____

(4) 本文の内容に合うものには○，合わないものには×を書きなさい。

ア (　　　　)アニメには友情や冒険の物語など，様々な物語がある。

イ (　　　　)アニメは私たちに異なる文化・伝統を教えてくれる。

ウ (　　　　)アニメを見るのは，楽しむことが唯一の目的だ。

4 リスニング　音声を聞いて，あとの問いに答えなさい。

＼英語音声／ Cl-33

中学生の浩平(こうへい)が，留学生のリリー(Lily)と教室で話しています。下の会話の_____に１語ずつ補って，会話を完成させなさい。

Kohei: Hi, Lily. What's your ________ ________?

Lily: I like science ________ ________.

＼らくらくマルつけ／

Ca-33

34 友だちにお願いをする

答えと解き方➡別冊 p.29

1 英単語　意味を書き，つづりも書いて，覚えましょう。

□(1) locker　意味 ＿＿＿＿　✎ locker
□(2) trash can　意味 ＿＿＿＿　✎ trash can
□(3) clip　意味 ＿＿＿＿　✎ clip
□(4) flower bed　意味 ＿＿＿＿　✎ flower bed
□(5) handout　意味 ＿＿＿＿　✎ handout
□(6) erase　意味 ＿＿＿＿　✎ erase
□(7) tidy up　意味 ＿＿＿＿　✎ tidy up
□(8) help ... with ～　意味 ＿＿＿＿　✎ help ... with ～
□(9) turn on　意味 ＿＿＿＿　✎ turn on
□(10) turn off　意味 ＿＿＿＿　✎ turn off

2 読解　次の英文を読んで，あとの設問に答えなさい。

中学生の悠(ゆう)は，教室のドアの近くにいたルーシー(Lucy)に声をかけています。

Yu: My hands are full(いっぱいの). ① Could you please open the door for me?

Lucy: Of course. Wow, so many notebooks! What are they?

Yu: We will use ② them for our next science class.

Lucy: I see. I like Mr. Suzuki's science class!

(1) ていねいな頼み方　下線部①を日本語にしなさい。

(　　　　　　　　　　　　　　　　)

(2) them の指すもの　下線部②が指すものを日本語で書きなさい。

(　　　　　　　　　　　　　　　　)

(3) 内容の理解　本文の内容と合わないものを１つ選びなさい。

ア　悠の両手はふさがっている。
イ　ノートは次の鈴木(すずき)先生の授業で使う。
ウ　ルーシーは数学の授業が好きだ。　(　　　　)

ヒント
(1) Could you please ...? はていねいに依頼する表現。
(2) them「それらを」なので，複数のものを指している。
(3) Mr.　Suzuki は，ここでは「鈴木先生」という意味。

3 読解　次の英文を読んで，あとの設問に答えなさい。

中学生の佐那が，オーストラリア出身の留学生のオリバー(Oliver)と教室で話しています。

Sana: Hi, Oliver. Can you help me?

Oliver: [①] What can I do for you?

Sana: We will have a school festival next month. Our class is going to have an exhibit (展示) of traditional Japanese food. We want to have an exhibit of traditional food in Australia, too.

Oliver: Sounds interesting! I think meat pie is one of our traditional foods.

Sana: Really? Can you make it for the class?

Oliver: Yes. A lot of people in Australia love meat pie.

(1) [①] に入るものをア〜ウから１つ選びなさい。（　　　）

ア No, I can't.　イ Sorry, but I'm busy.　ウ Of course.

(2) 佐那がオリバーに頼んだ内容となるように，（　）に適する日本語を書きなさい。

文化祭で，（　　　　　　　　　　　　　　）こと。

(3) 次の質問に英語で答えなさい。

When will the students at Sana's school have a school festival?

____

(4) 本文の内容に合うものには○，合わないものには×を書きなさい。

ア（　　）佐那のクラスは伝統的な日本の食べ物の展示をする予定だ。

イ（　　）オリバーによると，ミートパイはオーストラリアの伝統的な食べ物だ。

ウ（　　）オーストラリアでは，ミートパイを食べる人はほとんどいない。

4 リスニング　音声を聞いて，あとの問いに答えなさい。

英語音声

Cl-34

留学生のレオン(Leon)が，同級生の絵美に話しかけています。会話の内容に合うように，（　）に適する日本語を書きなさい。

・頼んだ内容：（　　　　　　　　　　　）を手伝ってほしい。

・理由：レオンにとって，いくつかの問題が（　　　　　　　　）から。

らくらくマルつけ

Ca-34

35 友だちに謝る

答えと解き方➡別冊 p.29

1 英単語 意味を書き，つづりも書いて，覚えましょう。

	単語	意味	つづり
□(1)	apologize	意味	apologize
□(2)	regret	意味	regret
□(3)	be sorry	意味	be sorry
□(4)	forgive	意味	forgive
□(5)	blame	意味	blame
□(6)	fault	意味	fault
□(7)	trouble	意味	trouble
□(8)	by accident	意味	by accident
□(9)	mean to ...	意味	mean to ...
□(10)	on purpose	意味	on purpose

2 読解 次の英文を読んで，あとの設問に答えなさい。

中学生の美優(みゆ)が，留学生のジェイ(Jay)と教室で話しています。

Miyu: I'm [①] about yesterday. I accidentally(間違って) took your notebook home.

Jay: Oh, I see. That's why(だから…だ) I couldn't find ② it!

Miyu: Here it is. I apologize for the trouble.

Jay: That's OK. I did my homework in another notebook.

(1) 謝り方 [①] に入る語をア～ウから1つ選びなさい。

ア glad　イ sorry　ウ excited　(　　　)

(2) it の指すもの 下線部②が指すものを日本語で書きなさい。

(　　　　　　　　　　)

(3) 内容の理解 本文の内容と合うものを1つ選びなさい。

ア 美優は昨日，ジェイのノートを持ち帰った。

イ 美優は今日，ジェイのノートを持ってこなかった。

ウ ジェイは昨日，宿題をしなかった。　(　　　)

ヒント

(1)「…についてごめんなさい」と謝っている。

(2) 直前の美優の話した内容に注目。

(3) 美優が何に対して謝っているかを考える。

3 読解　次の英文を読んで，あとの設問に答えなさい。

中学生の寛人(ひろと)が，留学生のティナ(Tina)と教室で話しています。

Hiroto: Hi, Tina. I'm really sorry. This morning I spilled (こぼした) some water on your bag [①] accident.

Tina: Oh, really? What happened, Hiroto?

Hiroto: I bumped into (…にぶつかった) a chair when I was changing the water in the flower vase (花びん) in the classroom. I wiped it off (…をふき取った) quickly, but...

Tina: That's OK! Did you get hurt (けがをする) or anything?

Hiroto: No, I'm fine. The vase is OK, too. I just spilled some water on your bag.

Tina: Well, never mind (気にしないで。). I'm glad to hear nothing is broken (壊れた).

(1) [①] に入る英語１語を書きなさい。 ＿＿＿＿＿＿

(2) 寛人が花びんの水をこぼしてしまった理由を日本語で書きなさい。

(　　　　　　　　　　　　　　　　　　　　　　　　)

(3) 次の質問に英語で答えなさい。

When did Hiroto change the water in the vase?

＿＿＿＿＿＿＿＿＿＿＿＿＿＿＿＿＿＿＿＿＿＿＿＿

(4) 本文の内容に合うものには○，合わないものには×を書きなさい。

ア (　　　) こぼした水は寛人がすぐにふき取った。

イ (　　　) 寛人は水をこぼしたとき，花びんを割ってしまった。

ウ (　　　) 寛人の話を聞いて，ティナはとても怒った。

4 リスニング　音声を聞いて，あとの問いに答えなさい。

英語音声

Cl-35

中学生の穂香(ほのか)が，留学生のジミー(Jimmy)と教室で話しています。会話の内容に合うように＿＿＿に１語ずつ補って，文を完成させなさい。

Honoka didn't ＿＿＿＿＿＿ Jimmy's ＿＿＿＿＿＿ on time because she was busy ＿＿＿＿＿＿.

らくらくマルつけ

Ca-35

友だちの誕生日を祝う

答えと解き方➡別冊 p.30

1 英単語　意味を書き，つづりも書いて，覚えましょう。

		意味	
□(1)	gather	意味	gather
□(2)	celebrate	意味	celebrate
□(3)	decorate	意味	decorate
□(4)	blow out	意味	blow out
□(5)	hold a party	意味	hold a party
□(6)	prepare	意味	prepare
□(7)	surprise	意味	surprise
□(8)	candle	意味	candle
□(9)	cracker	意味	cracker
□(10)	anniversary	意味	anniversary

2 読 解　次の英文を読んで，あとの設問に答えなさい。

中学生の唯奈(ゆいな)と留学生のトッド(Todd)は，同級生の健(けん)の誕生日について教室で話しています。

Yuina: Todd, tomorrow is Ken's birthday. ① Let's hold a party for him.

Todd: Great idea! I can bring a cake and some snacks.

Yuina: OK. I'll buy some drinks. We can meet at my house after school.

Todd: [②] good. Let's give him some presents at the party.

(1) さそい方　下線部①を日本語にしなさい。

(　　　　　　　　　　　　　　　　　　　　)

(2) 「…に聞こえる」　[②] に入る語をア～ウから1つ選びなさい。

ア Sees　イ Hears　ウ Sounds　(　　　)

(3) 内容の理解　本文の内容と合わないものを1つ選びなさい。

ア 健の誕生日は明日である。

イ トッドはケーキと飲み物を準備する。

ウ パーティーは唯奈の家で行われる。　(　　　)

ヒント
(1) Let's .... は相手をさそう表現。
(2) 「よさそうに思える」という表現は？
(3) 誕生日パーティーの時間や場所，準備するものに注目。

3 読 解　次の英文を読んで，あとの設問に答えなさい。

中学生の斗真(とうま)と留学生のグレース(Grace)は，桃花(ももか)の誕生日について教室で話しています。

Grace: When is Momoka's birthday?
Toma: It's September 10. We're going to give her a birthday card.
Grace: That's a good idea. Can I join you?
Toma: Sure. We'll write our messages for her on the card.
Grace: Then I'll bake some cookies for her. I'm good at making sweets.
Toma: Wow! That's great. I'll make a special box and you can put the cookies in it. Let's meet after school and prepare everything.
Grace: OK. This will be a great surprise for her!

(1) 下線部が表す内容となるように，(　)に適する日本語を書きなさい。

誕生日に桃花に(　　　　　　　　　　　　　　　　)ということ。

(2) グレースは桃花のために何をするか。日本語で書きなさい。

(　　　　　　　　　　　　　　　　　　　　　　)

(3) 次の質問に英語で答えなさい。

When will Toma and Grace meet?

____

(4) 本文の内容に合うものには○，合わないものには×を書きなさい。

ア (　　　)桃花の誕生日は10月10日である。

イ (　　　)バースデーカードには，斗真だけがメッセージを書く。

ウ (　　　)特別な箱を作り，その中にクッキーを入れて桃花にあげる予定である。

4 リスニング　音声を聞いて，あとの問いに答えなさい。

英語音声

Cl-36

中学生の隼人(はやと)と留学生のルナ(Luna)が，同級生の歩美(あゆみ)について話しています。会話の内容に合うように____に1語ずつ補って，文を完成させなさい。

Ayumi's birthday is ________ ________, so Hayato and Luna will hold a ________ ________ for her.

らくらくマルつけ

Ca-36

37 落とし物を探す・拾う

答えと解き方➡別冊 p.31

1 英単語　意味を書き，つづりも書いて，覚えましょう。

□(1) somewhere　意味 ＿＿＿＿　somewhere
□(2) whose　意味 ＿＿＿＿　whose
□(3) schoolyard　意味 ＿＿＿＿　schoolyard
□(4) swimming pool　意味 ＿＿＿＿　swimming pool
□(5) cafeteria　意味 ＿＿＿＿　cafeteria
□(6) principal　意味 ＿＿＿＿　principal
□(7) water bottle　意味 ＿＿＿＿　water bottle
□(8) pouch　意味 ＿＿＿＿　pouch
□(9) holder　意味 ＿＿＿＿　holder
□(10) wallet　意味 ＿＿＿＿　wallet

2 読解　次の英文を読んで，あとの設問に答えなさい。

中学生の樹(いつき)は，探し物をしている留学生のサラ(Sarah)に話しかけられました。

Sarah: Hi, Itsuki. I dropped my pen somewhere around my desk.

Itsuki: ① What is it like? Does it have your name on it?

Sarah: No. It's a shiny (キラキラした) pink pen with a gold cap (金色のキャップ). I bought it yesterday.

Itsuki: Oh, no. Let's check ② around there together.

(1) 特徴のたずね方　下線部①を日本語にしなさい。

(　　　　　　　　　　　　)

(2) 場所の表し方　下線部②が指す場所を日本語で書きなさい。

(　　　　　　　　　　　　)

(3) 内容の理解　本文の内容と合うものを１つ選びなさい。

ア　サラのペンには名前が書かれている。
イ　サラのペンは銀色である。
ウ　サラはペンを昨日買った。　(　　　)

ヒント
(1) like はここでは「…のような」という意味の前置詞。
(2) サラが落とし物をした場所はどこか？
(3) サラのペンについての情報を整理する。

3 読解　次の英文を読んで，あとの設問に答えなさい。

留学生のカイル(Kyle)が学校の廊下で同級生の美優(みゆ)と話しています。

Kyle:　Hi, Miyu. I found this folding umbrella (折りたたみ傘) in the hallway.

Miyu:　Really? Does it have a name on it?

Kyle:　No, it doesn't. It looks new.

Miyu:　Wait! It's Toma's. His umbrella is just (まさに) like <u>that</u>.

Kyle:　Is his a thin (薄い), black one with a white handle (持ち手)?

Miyu:　Yes. He lost his umbrella yesterday at school. He was looking for it.
Let's return it to him.

Kyle:　OK. I just saw him in the classroom. Let's go!

(1)　下線部が表すカイルの見つけた折りたたみ傘の特徴を，日本語で書きなさい。

(　　　　　　　　　　　　　　　　　　　　　　　　)折りたたみ傘

(2)　次の質問に英語で答えなさい。

[1]　Where did Kyle find the folding umbrella?

____

[2]　Whose is the folding umbrella?

____

(3)　本文の内容に合うものには○，合わないものには×を書きなさい。

ア　(　　　)カイルの見つけた折りたたみ傘には名前が書かれていなかった。

イ　(　　　)カイルの見つけた折りたたみ傘は古そうだった。

ウ　(　　　)美優はカイルの見つけた折りたたみ傘の持ち主を知っていた。

4 リスニング　音声を聞いて，あとの問いに答えなさい。

英語音声
CI-37

定規を見つけたリリー(Lily)が浩司(こうじ)と話しています。下の会話の______に1語ずつ補って，会話を完成させなさい。

Lily:　__________ __________ this ruler?

Koji:　It's __________. Thank you, Lily.

らくらくマルつけ
Ca-37

部活動を休む

Ci-38

答えと解き方➡別冊 p.32

1 英単語　意味を書き，つづりも書いて，覚えましょう。

- □ (1) meeting　意味 ＿＿＿＿　meeting
- □ (2) training　意味 ＿＿＿＿　training
- □ (3) tournament　意味 ＿＿＿＿　tournament
- □ (4) goal　意味 ＿＿＿＿　goal
- □ (5) coach　意味 ＿＿＿＿　coach
- □ (6) captain　意味 ＿＿＿＿　captain
- □ (7) attend　意味 ＿＿＿＿　attend
- □ (8) high fever　意味 ＿＿＿＿　high fever
- □ (9) skip　意味 ＿＿＿＿　skip
- □ (10) take a break　意味 ＿＿＿＿　take a break

2 読 解　次の英文を読んで，あとの設問に答えなさい。

中学生の弘毅(こうき)は妹の彩(あや)について，ケイト(Kate)に話しています。

Koki: My sister, Aya, can't go to your soccer team practice today.

Kate: Oh, is she OK? ① Did she catch a cold?

Koki: Yes. She is at home now. She has a high fever.

Kate: That's [②] bad. I'll tell our captain about her.

(1) 過去の動作のたずね方　下線部①を日本語にしなさい。

(　　　　　　　　　　　　　　　　)

(2) 慣用的な表現　[②] に入る英語１語を書きなさい。

＿＿＿＿＿＿

(3) 内容の理解　本文の内容と合うものを１つ選びなさい。

ア　ケイトはサッカー部に所属している。

イ　彩は今，教室にいる。

ウ　彩は今，熱が下がっている。　(　　　)

ヒント

(1) cold はここでは「風邪」という意味の名詞。

(2) 「それは気の毒ですね」という意味になる。

(3) your soccer team の your がだれを指しているのかを確認する。

3 読解 次の英文を読んで，あとの設問に答えなさい。

中学生の莉子(りこ)は，バレーボール部の練習の前にメグ(Meg)と話しています。

Riko: Hi, Meg. ① I have to skip today's practice.

Meg: Oh, is everything OK? Are you sick?

Riko: No. I have a dentist's appointment at four today. I go to the dentist every month. I think dental health (歯の健康) is important.

Meg: ② I think so, too. Does our coach know?

Riko: Yes. Yesterday, I told him, "I can't attend practice tomorrow." We have a tournament next month, so I'll be back tomorrow.

Meg: I'm glad to hear that! Our team needs you to win the tournament.

(1) 下線部①の理由を日本語で書きなさい。

( )

(2) 下線部②について，メグはどのような考えに賛同しているか。日本語で書きなさい。

( )

(3) 次の質問に英語で答えなさい。

When do Riko's team members have a tournament?

____

(4) 本文の内容に合うものには○，合わないものには×を書きなさい。

ア ( ) 莉子は今，気分が悪くなっている。

イ ( ) 莉子は毎月，歯医者に通っている。

ウ ( ) 莉子たちのコーチは，莉子が今日の練習を休むことを知らない。

4 リスニング 音声を聞いて，あとの問いに答えなさい。

英語音声 CI-38

中学生の香織(かおり)が，同じ部活のジャック(Jack)と話しています。会話の内容に合うように( )に日本語を補って，文を完成させなさい。

香織は今日，( )が痛いので，( )にみてもらうため，( )を休む。

らくらくマルつけ

Ca-38

39 クラスで人気があるもの

Ci-39

答えと解き方➡別冊 p.32

1 英単語 意味を書き，つづりも書いて，覚えましょう。

	英単語	意味	つづり
□(1)	event	意味	event
□(2)	memory	意味	memory
□(3)	TV show	意味	TV show
□(4)	celebrity	意味	celebrity
□(5)	contest	意味	contest
□(6)	pop idol	意味	pop idol
□(7)	whale	意味	whale
□(8)	seal	意味	seal
□(9)	camping school	意味	camping school
□(10)	ceremony	意味	ceremony

2 読解 次の英文を読んで，あとの設問に答えなさい。

留学生のミア(Mia)は，クラスメートの卓(たく)に教科について質問しています。

Mia: What is the [①] popular subject in our class?

Taku: It's math! Mr. Ogawa makes ② it really interesting and fun.

Mia: Right. Thanks to him, I'm more interested in it than before(以前).

Taku: I love math. Let's study it together after school.

(1) 最上級の文 [①] に入る英語 1 語を書きなさい。

______

(2) it が指すもの 下線部②が指すものを日本語で書きなさい。

(　　　　　　　　　　　　)

(3) 内容の理解 本文の内容と合わないものを 1 つ選びなさい。

ア ミアたちのクラスでは数学がいちばん人気がある。

イ ミアは以前ほど数学に興味がない。

ウ 卓は数学が大好きだ。　(　　　)

ヒント

(1) popular など，つづりの長い形容詞の最上級の作り方を確認する。

(2) 直前の文に注目。

(3) 比較級の表す意味を確認する。

3 読解　次の英文を読んで，あとの設問に答えなさい。

留学中の浩平（こうへい）は，クラスメートのソフィア（Sofia）にスポーツについて質問しています。

Kohei: What is the most popular sport in this country?

Sofia: It's soccer. It's more popular than basketball.

Kohei: ① Really? That's interesting. Why is soccer so popular here?

Sofia: Well, it's easy to play (するのが簡単な). You only need a ball and some space (場所). I belong to the soccer team and practice every day.

Kohei: I see. It's popular in Japan, too. We play soccer during the break (休憩) between classes (授業). I often played it with my classmates.

Sofia: That's cool! Maybe we can play together sometime.

(1) 下線部①について，浩平が「本当？」と驚いた内容を，日本語で答えなさい。

(　　　　　　　　　　　　　　　　　　　　　　　　)

(2) 浩平は日本ではいつサッカーをするか。日本語で答えなさい。

(　　　　　　　　　　　　　　　　　　　　　　　　)

(3) 次の質問に英語で答えなさい。

When does Sofia practice soccer?

____

(4) 本文の内容に合うものには○，合わないものには×を書きなさい。

ア (　　　) ソフィアによると，サッカーはするのが簡単なので人気がある。

イ (　　　) 浩平はサッカー部に所属している。

ウ (　　　) 浩平は日本では，クラスメートとサッカーをしていた。

4 リスニング　音声を聞いて，あとの問いに答えなさい。

英語音声 Cl-39

留学生のレオ（Leo）は，クラスメートの亜里沙（ありさ）に学校の行事について質問しています。会話の内容に合うように____に1語ずつ補って，文を完成させなさい。

The school trip is the ________ popular school event ________ their school. They visit old ________ in Kyoto.

らくらくマルつけ Ca-39

好きな季節について話す

Ci-40

答えと解き方➡別冊 p.33

1 英単語　意味を書き，つづりも書いて，覚えましょう。

- □(1) blossom　意味 ＿＿＿＿　✎ blossom
- □(2) sunshine　意味 ＿＿＿＿　✎ sunshine
- □(3) beach volleyball　意味 ＿＿＿＿　✎ beach volleyball
- □(4) barbecue　意味 ＿＿＿＿　✎ barbecue
- □(5) harvest　意味 ＿＿＿＿　✎ harvest
- □(6) breeze　意味 ＿＿＿＿　✎ breeze
- □(7) refreshing　意味 ＿＿＿＿　✎ refreshing
- □(8) humid　意味 ＿＿＿＿　✎ humid
- □(9) mild　意味 ＿＿＿＿　✎ mild
- □(10) chilly　意味 ＿＿＿＿　✎ chilly

2 読解　次の英文を読んで，あとの設問に答えなさい。

中学生の健伍(けんご)は，クラスメートのサラ(Sarah)と教室で話しています。

Kengo: ① What's your favorite season?

Sarah: I love spring. The weather is perfect(理想的な).

Kengo: Do you like ② (see) flowers? They're beautiful in spring.

Sarah: Yes. I love cherry blossoms. I have *hanami* in spring.

(1) 好きなもののたずね方　下線部①を日本語にしなさい。

(　　　　　　　　　　　　　　　　　　)

(2) like の目的語　②の(　)内の語を適する形(1語)になおしなさい。

＿＿＿＿＿＿

(3) 内容の理解　本文の内容と合うものを1つ選びなさい。

ア　サラは夏が大好きだ。

イ　サラは春の天候は理想的だと思っている。

ウ　サラは桜の花は好きではない。　(　　　)

ヒント

(1) favorite は「いちばん好きな」という意味。

(2) like のあとに動詞が続くときの形は？

(3) サラの好きなものを整理する。

3 読解　次の英文を読んで，あとの設問に答えなさい。

中学生の陽子(ようこ)は，オーストラリア出身の留学生であるヘンリー(Henry)と教室で話しています。

Yoko: Hi, Henry. Which season do you like the best in Japan?

Henry: I like summer the best. The hot sunshine is amazing!

Yoko: Why do you like summer so much?

Henry: I enjoy swimming and playing beach volleyball in summer.

Yoko: I see. I like winter the best because of the snow. It makes everything beautiful. I also enjoy skiing with my friends.

Henry: Really? I don't like cold weather. I stay home in winter.

Yoko: You should try some winter sports.

(1) ヘンリーが夏にするスポーツを2つ，日本語で書きなさい。

(　　　　　　　　)(　　　　　　　　)

(2) 下線部について，陽子が実際にするスポーツは何か。日本語で書きなさい。

(　　　　　　　　)

(3) 次の質問に英語で答えなさい。

Which season does Yoko like the best?

____

(4) 本文の内容に合うものには○，合わないものには×を書きなさい。

ア (　　　)ヘンリーは日本の夏の暑い日差しがすばらしいと思っている。

イ (　　　)ヘンリーは寒い気候は好きではない。

ウ (　　　)ヘンリーは冬によく外出する。

4 リスニング　音声を聞いて，あとの問いに答えなさい。

英語音声

Cl-40

中学生のケイト(Kate)は，クラスメートの誠二(せいじ)と教室で話しています。下の会話の____に1語ずつ補って，会話を完成させなさい。

Kate: ________ season do you like the ________?

Seiji: My ________ season is fall. We can have barbecues in the park in the fall.

らくらくマルつけ

Ca-40

まとめのテスト②

／100点

答えと解き方➡別冊 p.34

1 英単語　次の英語は日本語に，日本語は英語になおしなさい。［3点×10＝30点］

(1) reserve (　　　)　(2) author (　　　)

(3) row (　　　)　(4) hobby (　　　)

(5) apologize (　　　)　(6) 校庭 ＿＿＿＿

(7) 切手 ＿＿＿＿　(8) 座席 ＿＿＿＿

(9) 外の ＿＿＿＿　(10) ロッカー ＿＿＿＿

2 読解　次の英文を読んで，あとの設問に答えなさい。［5点×4＝20点］

オーストラリア出身の留学生のスティーブ(Steve)が，図書館で本を探しています。

Steve: I'm looking for a book, but I don't remember the title.

Librarian: All right. ① その本について私に教えてくれますか。

Steve: It's a novel about a young girl. She lives with a dragon.（ドラゴン）

Librarian: I know the book. The title is "The Dragon's Daughter" by Sam Lee.（『ドラゴンの娘』(架空の本のタイトル)） It's the most popular fantasy novel [②] our library.

Steve: Yes, that's the book! I want to borrow it.

Librarian: You can borrow five books at one time, and keep them for two weeks. Please bring the book and your library card to the front desk.（受付カウンター）

Steve: I see. Thank you for your help.

(1) 下線部①の意味を表す英文になるように，＿＿に適する英語を1語ずつ入れなさい。

＿＿＿＿ ＿＿＿＿ tell me about the book?

(2) [②] に入る英語1語を書きなさい。 ＿＿＿＿

(3) スティーブが借りる本の種類を日本語で書きなさい。 (　　　)

(4) 本文の内容と合わないものを1つ選びなさい。

ア スティーブは探している本のタイトルは知っていたが，著者がわからなかった。

イ スティーブが探している本には，少女とドラゴンが登場する。

ウ この図書館では，1回の貸し出しで5冊の本を借りられる。 (　　　)

❸ 読解　次の英文を読んで，あとの設問に答えなさい。[38点]

中学生の健太(けんた)とリサ(Lisa)は，クラスメートの結衣(ゆい)の誕生日について話しています。

Kenta: Yui's birthday is May 28. We're going to hold a party at my house.

Lisa: Wow, I didn't know about ① your plan. I want to help you.

Kenta: Could you decorate(飾る) the room on the day of the party?

Lisa: Sure! I'm good at making decorations(飾りつけ). What's her favorite [②]?

Kenta: She loves blue. And she likes cats the best of all animals.

Lisa: OK. I'll make some cute cat decorations. And what about a present? Did you get anything?

Kenta: Yes. I'll give her some comic books(マンガ本). She likes reading manga((日本の)マンガ).

Lisa: Then I will give her a stuffed cat.

Kenta: That sounds good. It will be a wonderful party!

(1) 下線部①の内容を日本語で書きなさい。(7点)

(　　　　　　　　　　　　　　　　　　　　　　　　)

(2) [②] に入る英語1語を書きなさい。(6点)

＿＿＿＿＿＿＿＿

(3) 次の質問に英語で答えなさい。(7点)

What is Kenta going to give Yui?

＿＿＿＿＿＿＿＿＿＿＿＿＿＿＿＿＿＿＿＿

(4) 本文の内容に合うものには○，合わないものには×を書きなさい。(6点×3＝18点)

ア (　　　) リサはパーティーの前日に，部屋の飾りつけをする。

イ (　　　) 結衣は動物の中で，ネコがいちばん好きだ。

ウ (　　　) 結衣はマンガを読むのが好きだ。

❹ リスニング　音声を聞いて，あとの問いに答えなさい。[6点×2＝12点]

＼英語音声／ Cl-41

沙也(さや)が，留学先で病院に予約の電話をしています。会話の内容に合うように(　)に日本語を補って，文を完成させなさい。

沙也が病院に電話したところ，名前と(　　　　　　　　　　　　)を聞かれた。

熱と頭痛のため，(　　　　　　　　　　)の午後2時の予約をとった。

＼らくらくマルつけ／ Ca-41

電話で友だちをさそう

答えと解き方➡別冊 p.35

1 英単語　意味を書き，つづりも書いて，覚えましょう。

□(1)	invite	意味	invite
□(2)	go for ...	意味	go for ...
□(3)	wait for ...	意味	wait for ...
□(4)	exhibition	意味	exhibition
□(5)	mall	意味	mall
□(6)	in (時間)	意味	in
□(7)	already	意味	already
□(8)	... after next	意味	... after next
□(9)	unfortunately	意味	unfortunately
□(10)	anyway	意味	anyway

2 読解　次の英文を読んで，あとの設問に答えなさい。

昭司(しょうじ)はアーサー(Arthur)に電話をかけています。

Shoji: Hello, Arthur. This is Shoji. Are you at home now?

Arthur: Hi, Shoji. Yes, I'm watching TV now. [①] up?

Shoji: I met Hannah by chance (偶然に) while I was shopping. We're going for tea at the cafe in front of the station. Would you like to join us?

Arthur: I'd love to. I'll be ② there in 15 minutes. Please wait for me.

(1) 状況をたずねる　[①] に入る英語1語を書きなさい。

＿＿＿＿＿＿

(2) 場所の表し方　下線部②が指す場所を日本語で書きなさい。

(　　　　　　　　　　　　　　　　)

(3) 内容の理解　本文の内容と合わないものを1つ選びなさい。

ア　アーサーは今，在宅中である。

イ　昭司とハンナ(Hannah)は，前から会う約束をしていた。

ウ　昭司はアーサーをお茶にさそった。　(　　　　)

ヒント
(1)「どうしたの？」「今，どうしてる？」という意味になる。
(2) アーサーがどこへ向かおうとしているのか考える。
(3) 動詞の時制に注目し，「したこと」「しようとしていること」を注意深くチェックする。

3 読解　次の英文を読んで，あとの設問に答えなさい。

由香(ゆか)はケイト(Kate)に電話をかけています。

Yuka: Hello, Kate. It's Yuka. Can you talk now?

Kate: Hello. Sure. What's up?

Yuka: My father gave me two tickets for the Japanese art exhibition. If you're interested, ① why don't you come with me next Saturday?

Kate: I'd like to, but I already have plans for next weekend. How about the weekend after next?

Yuka: Unfortunately, the exhibition [②] next Sunday.

Kate: Oh, really? I'm afraid you'll have to go with someone else. Anyway, thanks [③] inviting me.

(1) 下線部①を日本語にしなさい。

(　　　　　　　　　　　　　　　　　　　　　　　　　　　　　)

(2) [②] に入る語をア～エから１つ選びなさい。

ア starts　イ meets　ウ ends　エ takes　(　　　　)

(3) [③] に入る英語１語を書きなさい。　＿＿＿＿＿＿

(4) 本文の内容に合うものには○，合わないものには×を書きなさい。

ア (　　　) 由香は美術展のチケットを自分で買った。

イ (　　　) ケイトは美術展には興味がない。

ウ (　　　) ケイトは今度の週末，ひまではない。

4 リスニング　音声を聞いて，あとの問いに答えなさい。

英語音声 Cl-42

ローズ(Rose)が達也(たつや)に電話をかけています。達也がとったメモとなるように，(　)に適する日本語を書きなさい。

ローズと新しい(　　　　　　　　　　　　　　　　)に行く

曜日：今度の(　　　　　　)曜日

※(　　　　　　　　　　　　　　　　)に車で送ってもらう

らくらくマルつけ Ca-42

待ち合わせをする

答えと解き方➡別冊 p.36

1 英単語　意味を書き，つづりも書いて，覚えましょう。

□(1) meeting spot　意味 ________　✎ meeting spot
□(2) meeting time　意味 ________　✎ meeting time
□(3) meet up　意味 ________　✎ meet up
□(4) get together　意味 ________　✎ get together
□(5) decide on ...　意味 ________　✎ decide on ...
□(6) head to ...　意味 ________　✎ head to ...
□(7) shuttle bus　意味 ________　✎ shuttle bus
□(8) bus stop　意味 ________　✎ bus stop
□(9) behind　意味 ________　✎ behind
□(10) halfway point　意味 ________　✎ halfway point

2 読解　次の英文を読んで，あとの設問に答えなさい。

中学生の芽衣(めい)は，留学生のザック(Zack)と教室で話しています。

Mei: Why don't we go to the zoo tomorrow?

Zack: That sounds great. ① Shall we meet near the station?

Mei: OK. There is a shuttle bus from the bus stop in front of the station. I want to [②] the 10:50 bus.

Zack: Then let's meet at the bus stop at 10:40.

(1) 相手に提案する　下線部①を日本語にしなさい。

(　　　　　　　　　　)

(2) 乗り物に乗る　[②] に入る語をア～ウから1つ選びなさい。　ア take　イ get　ウ drive　(　　　)

(3) 内容の理解　本文の内容と合わないものを1つ選びなさい。

ア　2人は明日いっしょに出かける。

イ　2人は駅の中で待ち合わせをする。

ウ　2人はバスが出る10分前に集合する。　(　　　)

ヒント
(1) Shall we ...? は相手に提案をしたり，相手をさそったりする表現。
(2) 交通手段として乗り物に乗る場合，どの動詞を使う？
(3) 時や場所を表す語句に注目。

3 読解　次の英文を読んで，あとの設問に答えなさい。

中学生の信吾(しんご)は，留学生のコール(Cole)と教室で話しています。

Shingo: I'm looking forward to going to the museum with you next Saturday.

Cole: Yes. ①(and / on / let's / meeting spot / decide / a) time.

Shingo: To get to the museum, we have to take a bus from the bus stop behind our school, and ②降りる at the eighth bus stop from there.

Cole: I see. Then shall we meet up behind our school at one?

Shingo: ③How about having lunch together before we head to the museum? I know a good cafe near the bus stop.

Cole: That sounds great. Then let's get together at noon, have lunch and then go to the museum.

(1) 下線部①が意味の通る文になるように，(　)内の語句を並べかえなさい。

______ time.

(2) 下線部②の日本語を，英語2語で書きなさい。 ______ ______

(3) 下線部③を日本語にしなさい。

(　　　　)

(4) 次の質問に対する答えになるように，______に1語ずつ補いなさい。

[1] How will Shingo and Cole go to the museum?

— They will go there ______ ______.

[2] What time and where will Shingo and Cole meet up next Saturday?

— They will meet up at ______ ______ their ______.

4 リスニング　音声を聞いて，あとの問いに答えなさい。

英語音声

Cl-43

中学生の美和(みわ)と留学生のサイモン(Simon)が話しています。美和がとったメモとなるように，(　)に適する日本語や数字を書きなさい。

集合場所：(　　　　)の前

集合時間：午前(　　　　)時

らくらくマルつけ

Ca-43

予定を変更する

答えと解き方➡別冊 p.37

1 英単語　意味を書き，つづりも書いて，覚えましょう。

- □(1) reschedule　意味 ______ ✎ reschedule
- □(2) put off　意味 ______ ✎ put off
- □(3) make it　意味 ______ ✎ make it
- □(4) make it up　意味 ______ ✎ make it up
- □(5) be supposed to ...　意味 ______ ✎ be supposed to ...
- □(6) instead　意味 ______ ✎ instead
- □(7) never　意味 ______ ✎ never
- □(8) mind　意味 ______ ✎ mind
- □(9) until　意味 ______ ✎ until
- □(10) by　意味 ______ ✎ by

2 読解　次の英文を読んで，あとの設問に答えなさい。

中学生の俊(しゅん)は，留学生のテッド(Ted)に電話をかけています。

Shun: Hello, Ted. We have plans to have dinner together today, but could I cancel?

Ted: No problem. What's [①]?

Shun: I'm not feeling well, so I'll stay home. ② I'll make it up to you.

Ted: Never mind. Let's go another time.

(1) 状況をたずねる　[①] に入る語をア～ウから1つ選びなさい。　ア good　イ that　ウ wrong (　　　)

(2) 気持ちを伝える　下線部②を日本語にしなさい。

(　　　　　　　　　　)

(3) 内容の理解　本文の内容と合うものを1つ選びなさい。

ア　俊はテッドと食事をする約束をしていた。

イ　俊は今夜，出かけるつもりだ。

ウ　テッドは俊に対して怒っている。　(　　　)

ヒント

(1)「どうしたの？」「何か都合が悪いの？」という意味になる。

(2) make it up は「埋め合わせをする」という意味。

(3) Never .... は「決して…しないでください」という強い否定の命令文。

③ 読解　次の英文を読んで，あとの設問に答えなさい。

中学生の明音(あかね)は，留学生のミア(Mia)と教室で話しています。

Akane: ① We are supposed to go to a movie next Saturday, but ② I can't make it.

Mia: Really? What's wrong?

Akane: I forgot that I have basketball practice that day. We were going to go see a movie at five, right? I have to practice at school [③] six.

Mia: I understand. Shall we cancel the schedule or put it off?

Akane: Well, can we go on Sunday instead?

Mia: I'm available(都合がつく) [③] two that day. So how about eleven?

Akane: That's fine with me. Thanks for rescheduling.

(1) 下線部①を日本語にしなさい。

(　　　　　　　　　　　　　　　　　　　　　　　　)

(2) 下線部②の理由になるように，(　)に適する日本語を書きなさい。

約束していた日は，(　　　　　　)で(　　　　　　　　　　　　　　)をしなければならないから。

(3) 2つの [③] に共通して入る語をア～ウから1つ選びなさい。

ア by　　イ for　　ウ until　　　　(　　　　)

(4) 本文の内容に合うものには○，合わないものには×を書きなさい。

ア (　　　)明音とミアは，もともと5時に映画を見る予定だった。

イ (　　　)明音とミアは，最終的に予定を合わせることができなかった。

④ リスニング　音声を聞いて，あとの問いに答えなさい。

英語音声

Cl-44

中学生の龍大(りゅうだい)と留学生のスージー(Susie)が話しています。会話の内容に合うように，(　)内のア，イから適するほうを選び，記号を○でかこみなさい。

龍大とスージーは(　ア　月曜日　　イ　火曜日　)に買い物に行く予定だったが，その予定を(　ア　延期　　イ　キャンセル　)することになった。

らくらくマルつけ

Ca-44

遅刻したことを謝る

答えと解き方➡別冊 p.38

1 英単語　意味を書き，つづりも書いて，覚えましょう。

□(1) be delayed　意味 ________　✎ be delayed

□(2) behind schedule　意味 ________　✎ behind schedule

□(3) oversleep　意味 ________　✎ oversleep

□(4) miss　意味 ________　✎ miss

□(5) get caught in traffic　意味 ________
✎ get caught in traffic

□(6) in advance　意味 ________　✎ in advance

□(7) text（動詞）　意味 ________　✎ text

□(8) make sure to ...　意味 ________　✎ make sure to ...

□(9) ahead　意味 ________　✎ ahead

2 読解　次の英文を読んで，あとの設問に答えなさい。

中学生の拓郎（たくろう）と留学生のヒュー(Hugh)が待ち合わせ場所で合流しています。

Takuro: I'm sorry I'm late（遅れた）.

Hugh: That's OK. ① Was the train delayed?

Takuro: Well, actually, I overslept this morning and missed the train.

Hugh: When that happens next time, text me [②] advance.

Takuro: I'm sorry. I'll make sure to do that next time.

(1) 遅刻の理由をたずねる　下線部①を日本語にしなさい。

(　　　　　　　　　　　　　　　　　　　　)

(2) 前もって伝える　[②] に入る英語1語を書きなさい。

____

(3) 内容の理解　本文の内容と合うものを1つ選びなさい。

ア　拓郎は乗ろうとしていた電車に乗れなかった。

イ　拓郎は遅刻することをメールでヒューに伝えた。

ウ　拓郎は，次回は遅刻しないと約束した。　(　　　　)

ヒント

(1) 時制にも注意。

(2)「前もって」という意味になる。

(3) I'll make sure to do that の that が何を指すかに注意。

3 読解　次の英文を読んで，あとの設問に答えなさい。

待ち合わせ場所に向かうバスの中で，沙也加（さやか）はカーラ(Carla)にメッセージを送っています。

Sayaka: I'm sorry. I'm going to be late.

Carla: [①] late will you be?

Sayaka: I'm not sure. The bus got caught in traffic. It's 15 minutes behind schedule now, but ② the situation（状況） may change.

Carla: That's OK. Actually, I missed the train, so I'll be 10 minutes late.

Sayaka: Then you'll arrive at 11:40. If I don't arrive by then, ③ can you go ahead and get a table（レストランの席） at the restaurant?

Carla: Sure. We're going to go to the restaurant next to the library, right?

Sayaka: Yes. It's popular, so there may be a line（行列）.

(1) [①] に入る英語1語を書きなさい。　＿＿＿＿＿＿

(2) 下線部②が表す内容になるように，(　)に適する日本語を書きなさい。

バスが渋滞にはまり，(　　　　　　　　　　　　　　)という状況。

(3) 下線部③を日本語にしなさい。

(　　　　　　　　　　　　　　　　　　　　　　)

(4) 本文の内容に合うものには○，合わないものには×を書きなさい。

ア (　　) カーラが乗っている電車は遅延している。

イ (　　) 沙也加とカーラは，11時40分に待ち合わせをしていた。

ウ (　　) 沙也加とカーラが行こうとしているレストランは人気がある。

4 リスニング　音声を聞いて，あとの問いに答えなさい。

英語音声

Cl-45

中学生の真由（まゆ）と留学生のルーサー(Luther)が話しています。会話の内容に合うように，(　)内のア，イから適するほうを選び，記号を○でかこみなさい。

ルーサーは(ア　寝坊した　　イ　時間を間違えていた)ために，
待ち合わせの時間に(ア　15分　　イ　30分)遅刻した。

らくらくマルつけ

Ca-45

道に迷ったとき

答えと解き方➡別冊 p.39

1 英単語　意味を書き，つづりも書いて，覚えましょう。

□(1) lost 意味 ＿＿＿＿ ✎ lost
□(2) current 意味 ＿＿＿＿ ✎ current
□(3) location 意味 ＿＿＿＿ ✎ location
□(4) direction 意味 ＿＿＿＿ ✎ direction
□(5) map 意味 ＿＿＿＿ ✎ map
□(6) police box 意味 ＿＿＿＿ ✎ police box
□(7) convenience store 意味 ＿＿＿＿ ✎ convenience store
□(8) building 意味 ＿＿＿＿ ✎ building
□(9) apartment 意味 ＿＿＿＿ ✎ apartment
□(10) hurry 意味 ＿＿＿＿ ✎ hurry

2 読解　次の英文を読んで，あとの設問に答えなさい。

中学生の康太（こうた）と留学生のアイリス(Iris)が街中で話しています。

Kota: We can't find the theater. We are lost, aren't we?

Iris: I think ① so. Let's check our current location with a map app（アプリ）.

Kota: Let me see .... We took a wrong turn（曲がること） at the convenience store. Let's go back ② there.

Iris: OK. We should hurry. The movie will start soon!

(1) 考えの伝え方　下線部①を英語3語で書きかえなさい。

＿＿＿＿＿＿＿＿＿＿

(2) 相手への伝え方　下線部②が指す場所を日本語で書きなさい。

(　　　　　　　　)

(3) 内容の理解　本文の内容と合わないものを1つ選びなさい。

ア　2人は映画館に行こうとしている。
イ　2人は街の地図看板で現在位置を確認した。
ウ　アイリスは映画に遅れるのを心配している。（　　　）

ヒント
(1) soがどんなことを表すかを考える。
(2) 直前の内容に注目。
(3) 言いかえられている内容に注意。

3 読解　次の英文を読んで，あとの設問に答えなさい。

直子は待ち合わせの時間に現れないトレイシー(Tracy)に電話をかけています。

Naoko: Hello, Tracy? Where are you?

Tracy: Oh, I'm sorry. I think I'm lost! We are supposed to meet in front of the post office, right? I'm looking for ① it, but I can't find it.

Naoko: ② (around / any / there / you / are / landmarks)?

Tracy: Well, I'm by a hamburger shop, and I can see a tall green building from here. It's an apartment building.

Naoko: Did you turn right after you came out of the station?

Traca: Yes, I did.

Naoko: Oh, then you went in the wrong direction. I'll go to you, so stay there.

Tracy: OK, I'll ③ あなたを待つ. Thank you!

(1) 下線部①が指すものを英語３語で書きなさい。

____

(2) 下線部②が意味の通る文になるように，(　)内の語を並べかえなさい。

______________________________?

(3) 下線部③の日本語を，英語３語で書きなさい。

__________ __________ __________

(4) 本文の内容に合うものには○，合わないものには×を書きなさい。

ア (　　　　) トレイシーのいる場所からはアパートが見える。

イ (　　　　) トレイシーは，駅を出たあとに右に曲がるべきだった。

ウ (　　　　) トレイシーはハンバーガー屋のそばで直子を待つつもりだ。

4 リスニング　音声を聞いて，あとの問いに答えなさい。

英語音声

Cl-46

中学生の圭と留学生のジョイス(Joyce)が街中で話しています。会話の内容に合うように(　)に日本語を補って，文を完成させなさい。

圭とジョイスは(　　　　　　　)に向かっている最中に道に迷い，

(　　　　　　　)に行くことにした。

らくらくマルつけ

Ca-46

友だちに偶然会う

答えと解き方➡別冊 p.40

1 英単語　意味を書き，つづりも書いて，覚えましょう。

- □(1) come across　意味 ________　come across
- □(2) coincidence　意味 ________　coincidence
- □(3) expect to ...　意味 ________　expect to ...
- □(4) dream (動詞)　意味 ________　dream
- □(5) happen to ...　意味 ________　happen to ...
- □(6) unexpectedly　意味 ________　unexpectedly
- □(7) by chance　意味 ________　by chance
- □(8) have a chat　意味 ________　have a chat
- □(9) over tea　意味 ________　over tea
- □(10) look around　意味 ________　look around

2 読解　次の英文を読んで，あとの設問に答えなさい。

中学生の大悟(だいご)は，街中でクラスメートのウェンディ(Wendy)と話しています。

Daigo: Hi, Wendy! What are you doing here?

Wendy: Oh, Daigo. What a coincidence! (なんて…でしょう。) I was shopping with my friend, but ① she went home because she had something to do.

Daigo: Are you free now? Why don't we have a chat [②] tea?

Wendy: Sure! Let's go to that cafe over there.

(1) 事情を説明する　下線部①を日本語にしなさい。

(　　　　　　　　　　　　　　　　)

(2) 「…しながら」　[②] に入るものをア～ウから1つ選びなさい。　ア on　イ in　ウ over　(　　　)

(3) 内容の理解　本文の内容と合うものを1つ選びなさい。

ア　ウェンディは大悟と会う約束をしていた。

イ　ウェンディは買い物をしたあとである。

ウ　ウェンディはもう家に帰るつもりだ。　(　　　)

ヒント

(1) 不定詞の形容詞的用法「…すべき～」が使われている。

(2)「お茶を飲みながら」という意味になる。

(3) ウェンディの発言に注目。

3 読解　次の英文を読んで，あとの設問に答えなさい。

動物園に来ている創（はじめ）とアダム(Adam)は，クラスメートの華子（かこ）を見つけました。

Hajime: Look, Adam. That's Kako, isn't it?

Adam: You're right. Hi, Kako! ① (see / to / didn't / you / expect / we) here.

Kako: Hi, Adam and Hajime. Did you two come together?

Hajime: Yes. My sister was supposed to come with us, but she couldn't because she was sick. Did you come with your family?

Kako: No, I'm with Susan. She's looking at the penguins over there. Susan, come here! I came across Hajime and Adam. I'm so surprised.

Susan: Oh, what a coincidence! If you ② want, why don't we look around together?

Adam and Hajime: We'd love to!

(1) 下線部①が意味の通る文になるように，(　)内の語を並べかえなさい。

＿＿＿＿＿＿＿＿＿＿＿＿＿＿＿＿＿＿ here.

(2) 下線部②のあとに省略されている語句を，英語４語で書きなさい。

＿＿＿＿＿＿＿＿＿＿＿＿＿＿＿＿＿＿

(3) 本文の内容に合うように＿＿に１語ずつ補って，文を完成させなさい。

[1] Hajime's ＿＿＿＿ couldn't come to the ＿＿＿＿ because she was ＿＿＿＿.

[2] When Hajime and Adam found Kako, Susan was ＿＿＿＿ ＿＿＿＿ the ＿＿＿＿.

[3] Kako was surprised to ＿＿＿＿ ＿＿＿＿ Hajime and Adam.

4 リスニング　音声を聞いて，あとの問いに答えなさい。

英語音声 Cl-47

中学生の絵麻（えま）と留学生のポール(Paul)が街中で話しています。会話の内容に合うように(　)に日本語を補って，文を完成させなさい。

絵麻は(　　　　　　)部の活動のあとに街を歩いていたところ，ポールに会い，いっしょに(　　　　　　　　)に行くことにした。

らくらくマルつけ Ca-47

家でのルールについて話す

答えと解き方➡別冊 p.40

1 英単語　意味を書き，つづりも書いて，覚えましょう。

- □(1) rule 意味 ＿＿＿＿ ✎ rule
- □(2) keep ... in mind 意味 ＿＿＿＿ ✎ keep ... in mind
- □(3) strict 意味 ＿＿＿＿ ✎ strict
- □(4) follow 意味 ＿＿＿＿ ✎ follow
- □(5) sink 意味 ＿＿＿＿ ✎ sink
- □(6) laundry 意味 ＿＿＿＿ ✎ laundry
- □(7) basket 意味 ＿＿＿＿ ✎ basket
- □(8) noisy 意味 ＿＿＿＿ ✎ noisy
- □(9) as ... as possible 意味 ＿＿＿＿ ✎ as ... as possible
- □(10) take a shower 意味 ＿＿＿＿ ✎ take a shower

2 読解　次の英文を読んで，あとの設問に答えなさい。

ホームステイにやってきたエヴァン(Evan)に対して，山中(やまなか)さんは家のルールを説明しています。

Our family usually eats dinner around seven thirty. So ① can you come home by seven? You don't have to wash the dishes, but please take ② them to the sink after you finish eating. I do the laundry once a day in the morning, so put your clothes in the basket in the bathroom at night.

(1) ルールを説明する　下線部①を日本語にしなさい。

(　　　　　　　　　　　　　　　　　　　　)

(2) 相手への伝え方　下線部②が指すものを英語2語で書きなさい。

＿＿＿＿＿＿＿＿＿＿＿＿＿＿＿＿

(3) 内容の理解　本文の内容と合わないものを1つ選びなさい。

ア　山中さんの家では，夕食は7時半ごろに食べる。
イ　エヴァンは皿を洗わなくてもよい。
ウ　山中さんは朝と夜に洗濯をする。　(　　　　)

ヒント
(1) by ... は「…までに」という意味。
(2) 直前の内容に注目。
(3) don't have to ... は「…する必要はない」という意味。

3 読解　次の英文を読んで，あとの設問に答えなさい。

藤井(ふじい)さんは，藤井さんの家にホームステイにやってきたリリー(Lily)と話しています。

Lily: ① Are there any house rules to keep in mind?

Ms. Fujii: We don't have any strict rules. But please don't come home too late.

Lily: Do I have a curfew(門限)?

Ms. Fujii: The curfew in this house is nine. Dinner time is around eight. If you don't need dinner, please ② tell me as soon as possible.

Lily: OK. ③ (to / do / clean / have / I / my room) myself?

Ms. Fujii: Yes, you do. But don't be noisy after ten at night. You should clean during the day(昼間).

Lily: I understand.

(1) 下線部①を日本語にしなさい。

(　　　　　　　　　　　　　　　　　　　　)

(2) 下線部②について，藤井さんは何を伝えるように言っているか。(　)に適する日本語を書きなさい。

(　　　　　　　　　　　　　　)ということ。

(3) 下線部③が意味の通る文になるように，(　)内の語句を並べかえなさい。

＿＿＿＿＿＿＿＿＿＿＿＿＿＿＿＿＿＿ myself?

(4) 本文の内容に合うように＿＿に１語ずつ補って，文を完成させなさい。

[1] Lily has to come home by ＿＿＿＿＿.

[2] Lily mustn't ＿＿＿＿＿ ＿＿＿＿＿ after ten at night.

4 リスニング　音声を聞いて，あとの問いに答えなさい。

英語音声　Cl-48

中学生の舞香(まいか)は，舞香の家にホームステイにやってきたベン(Ben)と話しています。会話の内容に合うように(　)に日本語を補って，文を完成させなさい。

(1) 舞香の家の(　　　　　　)の時間は６時半である。

(2) ベンは夜10時以降に(　　　　　　　　　)ことはできない。

らくらくマルつけ　Ca-48

学校でのルールについて話す

答えと解き方➡別冊 p.41

1 英単語　意味を書き，つづりも書いて，覚えましょう。

□(1) regulation　意味 ＿＿＿＿　regulation
□(2) comic book　意味 ＿＿＿＿　comic book
□(3) makeup　意味 ＿＿＿＿　makeup
□(4) hair　意味 ＿＿＿＿　hair
□(5) shoulder　意味 ＿＿＿＿　shoulder
□(6) length　意味 ＿＿＿＿　length
□(7) tie（動詞）　意味 ＿＿＿＿　tie
□(8) designated　意味 ＿＿＿＿　designated
□(9) for example　意味 ＿＿＿＿　for example

2 読解　次の英文を読んで，あとの設問に答えなさい。

留学生のトッド(Todd)に対して，担任の先生が学校のルールを説明しています。

Homeroom (ホームルーム) begins at eight thirty in the morning, but you have to come to school by eight twenty. The 10 minutes before homeroom is for reading. ① You mustn't read comic books during that time. Our school doesn't have school lunches. You can buy your lunch at the store [②] the first floor. You mustn't go to convenience stores during lunch break.

(1) ルールを説明する　下線部①を日本語にしなさい。

（　　　　　　　　　　　　　　　　　　）

(2) 「…階」　[②] に入る英語1語を書きなさい。

＿＿＿＿＿＿

(3) 内容の理解　本文の内容と合うものを1つ選びなさい。

ア　トッドの学校では，朝に10分間読書をする。
イ　生徒たちは自分の昼食を用意する必要はない。
ウ　昼休みに外に買い物に出ることができる。（　　　）

ヒント
(1) comic book は「マンガ本」という意味。
(2) 「1階の」という意味になる。
(3) 言いかえられている内容に注意。

3 読解　次の英文を読んで，あとの設問に答えなさい。

中学生の宗司(そうじ)は，オーストラリアからの留学生のローラ(Laura)に学校のルールについて説明しています。

Laura: What kind of school regulations does this school have?

Soji: ①(a club / student / to / belong / every / to / has). I will show you some of the club activities after school today.

Laura: Thank you. Are there any rules about personal appearance(身だしなみ)?

Soji: Yes. For example, you mustn't wear makeup.

Laura: ② It was the same at my school back home. Anything else?

Soji: If students have hair longer than shoulder length, they have to tie it. But you don't have to worry about this rule.

Laura: Yeah. ③ I like short hair better than long hair.

(1) 下線部①が意味の通る文になるように，(　)内の語句を並べかえなさい。

____.

(2) 下線部②が表す内容になるように，(　)に適する日本語を書きなさい。

(　　　　　　　　　　　　　　　　)という校則。

(3) 下線部③を日本語にしなさい。

(　　　　　　　　　　　　　　　　　　　　)

(4) 本文の内容に合うものには○，合わないものには×を書きなさい。

ア (　　　)宗司は今日の放課後，ローラに部活を紹介する。

イ (　　　)宗司の学校とローラのオーストラリアの学校では，校則がまったく違う。

ウ (　　　)ローラは肩より短い髪をしている。

4 リスニング　音声を聞いて，あとの問いに答えなさい。

英語音声

Cl-49

留学生のカレン(Karen)と担任の永田(ながた)先生が学校で話しています。会話の内容に合うように(　)に日本語を補って，文を完成させなさい。

(1) カレンの国では，生徒は(　　　　　　　　　　　　)必要はない。

(2) この学校では，生徒は学校指定の(　　　　　　　　　)必要がある。

らくらくマルつけ

Ca-49

学校の制服

答えと解き方➡別冊 p.42

1 英単語　意味を書き，つづりも書いて，覚えましょう。

- □(1) skirt　意味 ＿＿＿＿　✎ skirt
- □(2) pants　意味 ＿＿＿＿　✎ pants
- □(3) ribbon　意味 ＿＿＿＿　✎ ribbon
- □(4) tie (名詞)　意味 ＿＿＿＿　✎ tie
- □(5) design　意味 ＿＿＿＿　✎ design
- □(6) diversity　意味 ＿＿＿＿　✎ diversity
- □(7) forget　意味 ＿＿＿＿　✎ forget
- □(8) behave　意味 ＿＿＿＿　✎ behave
- □(9) properly　意味 ＿＿＿＿　✎ properly
- □(10) do away with ...　意味 ＿＿＿＿　✎ do away with ...

2 読解　次の英文を読んで，あとの設問に答えなさい。

中学生の瞳(ひとみ)は，アメリカに住む友だちのモニカ(Monica)とオンラインで話しています。

Monica: Does your school have a school uniform?

Hitomi: [①] But I don't like our school uniform. I have to wear a skirt even in winter, so I feel cold. How about your school?

Monica: We don't have school uniforms. But Japanese school uniforms are cute, so I would like to wear ② one.

(1) 質問に答える　[①] に入る3語の英文を書きなさい。

＿＿＿＿＿＿＿＿＿＿

(2) 相手への伝え方　下線部②が指すものを日本語で書きなさい。

(　　　　　　　　　　)

(3) 内容の理解　本文の内容と合わないものを1つ選びなさい。

ア　瞳は，冬に制服を着るのは寒いと思っている。

イ　瞳は制服としてスカートをはいている。

ウ　モニカの学校の制服はかわいい。　(　　　)

ヒント

(1) 直後の内容に注目。

(2) one は前に出た名詞のくり返しを避けるために使われる。

(3) 「スカート」は skirt で表す。

3 読解　次の英文を読んで，あとの設問に答えなさい。

中学生の一華(いちか)，静雄(しずお)，留学生のゾーイ(Zoe)とジョッシュ(Josh)が教室で話しています。

Ichika: Do you like our school uniform?

Zoe: Yes, I do. I like its design. I think it's cuter than the uniform at my school in New Zealand.

Shizuo: We can choose to wear skirts or pants. I think ① that's good. Our school respects the diversity of its students.
(respects: 尊重する)

Ichika: But if we really want to respect diversity, we should do away with our uniforms, shouldn't we? I want to wear my own clothes.

Josh: I think we try to behave properly when we wear uniforms. ② We shouldn't forget that we are members of our school.

(1) 下線部①が表す内容になるように，(　)に適する日本語を書きなさい。

生徒が(　　　　　　　　　　　　　　　　　　　　　　　　　　　　)こと。

(2) 下線部②を日本語にしなさい。

(　　　　　　　　　　　　　　　　　　　　　　　　　　　　　　　　)

(3) 本文の内容に合うものには○，合わないものには×を書きなさい。

ア (　　　)ゾーイのニュージーランドの学校では，制服がなかった。

イ (　　　)一華は，多様性のためには制服を廃止したほうがよいと考えている。

ウ (　　　)ジョッシュは，生徒が自由にふるまうことが大切だと考えている。

4 リスニング　音声を聞いて，あとの問いに答えなさい。

英語音声 Cl-50

中学生の慧太(けいた)と留学生のジーン(Jean)が話しています。会話の内容に合うように＿＿に1語ずつ補って，文を完成させなさい。

In their school, students can wear ＿＿＿＿＿＿ or white ＿＿＿＿＿＿ in winter.

らくらくマルつけ Ca-50

電車でのルールを伝える

答えと解き方➡別冊 p.43

1 英単語　意味を書き，つづりも書いて，覚えましょう。

	単語	意味	つづり
□(1)	manners	意味	manners
□(2)	ring (動詞)	意味	ring
□(3)	silent mode	意味	silent mode
□(4)	platform	意味	platform
□(5)	exact	意味	exact
□(6)	priority seat	意味	priority seat
□(7)	pregnant	意味	pregnant
□(8)	disability	意味	disability
□(9)	lap	意味	lap
□(10)	loud	意味	loud

2 読解　次の英文を読んで，あとの設問に答えなさい。

中学生の亮(りょう)は，留学生のマーク(Mark)といっしょに電車に乗っています。

Mark: Ryo, your phone is ringing.

Ryo: Oh, I forgot to put my phone on silent mode. It's from my mother. I'll call ① <u>her</u> back when I get off the train.

Mark: Why?

Ryo: In Japan, ② <u>we shouldn't talk on the phone on the train.</u>

(1) 相手への伝え方　下線部①を英語２語で書きかえなさい。

____

(2) マナーを説明する　下線部②を日本語にしなさい。

(　　　　　　　　　　)

(3) 内容の理解　本文の内容と<u>合わないもの</u>を１つ選びなさい。

ア　亮は電話をマナーモードにしていた。

イ　亮は電車を降りてから電話をするつもりだ。

ウ　マークは日本の電車のマナーを知らなかった。(　　　　)

ヒント

(1) だれに電話をかけ直すのかを考える。

(2) on the phone は「電話で」という意味。

(3) 言いかえられている内容に注意。

3 読解　次の英文を読んで，あとの設問に答えなさい。

中学生の奈帆（なほ）は，留学生のクララ(Clara)といっしょに電車を待っています。

Clara: Why are people lining up on the platform?（列を作る）

Naho: They wait in line to get on the train. Look at the markings（印） on the platform. They show the position of the doors when the train stops. In Japan, trains always stop at the exact same place.

Clara: Amazing! ① So (know / the places / you / to / line up).

〈*They get on the train.*〉

Clara: These seats are a different color from the other seats.

Naho: They are priority seats. We can sit in ② them, but if elderly people, pregnant women or any people（どんな人でも） with disabilities get on the train, we should give up（譲る） our seats to ③ them.

(1) 下線部①が意味の通る文になるように，（　）内の語句を並べかえなさい。

So ＿＿＿＿＿＿＿＿＿＿＿＿＿＿＿＿.

(2) 下線部②が指すものを英語２語で書きなさい。 ＿＿＿＿＿＿＿＿

(3) 下線部③が指すものを日本語で書きなさい。

（　　　　　　　　　　　　　　　　　　）

(4) 次の質問に英語で答えなさい。

[1] What do Japanese people do to get on the train?

＿＿＿＿＿＿＿＿＿＿＿＿＿＿＿＿

[2] What do priority seats look like?

＿＿＿＿＿＿＿＿＿＿＿＿＿＿＿＿

4 リスニング　音声を聞いて，あとの問いに答えなさい。

英語音声

Cl-51

中学生の未来（みらい）と留学生のロナルド(Ronald)が電車で移動中に話しています。会話の内容に合うように（　）に日本語を補って，文を完成させなさい。

(1) 未来はかばんを（　　　　　　　　　　）ように言った。

(2) ロナルドは（　　　　　　　　　　）ことを注意された。

らくらくマルつけ

Ca-51

日本でのマナーを伝える

答えと解き方➡別冊 p.44

1 英単語　意味を書き，つづりも書いて，覚えましょう。

- □(1) take off　意味 ＿＿＿＿　take off
- □(2) put on　意味 ＿＿＿＿　put on
- □(3) arrange　意味 ＿＿＿＿　arrange
- □(4) point（動詞）　意味 ＿＿＿＿　point
- □(5) bow　意味 ＿＿＿＿　bow
- □(6) shake hands　意味 ＿＿＿＿　shake hands
- □(7) slipper　意味 ＿＿＿＿　slipper
- □(8) leftover　意味 ＿＿＿＿　leftover
- □(9) toward　意味 ＿＿＿＿　toward
- □(10) do my best　意味 ＿＿＿＿　do my best

2 読 解　次の英文を読んで，あとの設問に答えなさい。

日本に観光に来たクロエ(Chloe)は，日本に住む友だちの聖奈(せな)の家に滞在することになりました。

Chloe: I have to take off my shoes at the entrance, right?

Sena: That's right. After ① that, arranging them neatly(きちんと) is good manners. If your shoes are pointing toward the door, it's perfect.

Chloe: I see. Should I ② はく these slippers?

Sena: Yes, please. But you must take them off in a room with *tatami*.

(1) マナーを説明する　下線部①が指す内容を日本語で書きなさい。（　　　　）

(2) 「はく」　下線部②の日本語を，英語２語で書きなさい。

＿＿＿＿　＿＿＿＿

(3) 内容の理解　本文の内容と合わないものを１つ選びなさい。

ア　クロエは，日本では家の中でくつを脱ぐことを知っていた。

イ　くつはドアに向けて並べておくべきである。

ウ　聖奈は家の中で常にスリッパをはく。　（　　　　）

ヒント

(1) これより前の内容に注目。

(2) 「服を着る」，「ぼうしをかぶる」，「くつをはく」など，何かを身につけるときに使う表現。

(3) だれがどのような発言をしたかにも注意。

③ 読解　次の英文を読んで，あとの設問に答えなさい。

クロエと聖奈は，２人でレストランに食事に来ました。

Sena: There are some rules when we use chopsticks. For example, spearing (突き刺す) food with chopsticks like a fork is bad manners.

Chloe: I see. Picking up food with chopsticks is sometimes difficult, but I'll ① 最善を尽くす. Please tell me about other Japanese table manners.

Sena: Well, you shouldn't leave food on your plate. So don't order more than you can eat.

Chloe: We can usually take leftovers home in my country.

Sena: In Japan, you can ② do that in some restaurants, but not in others.

(1) 下線部①の日本語を，英語３語で書きなさい。

______ ______ ______

(2) 下線部②が表す内容になるように，（　）に適する日本語を書きなさい。

（　　　　　　　　　　　　　　　　　　）こと。

(3) 本文の内容に合うように______に１語ずつ補って，文を完成させなさい。

[1] Chloe sometimes can't ______ ______ food with ______ well.

[2] Sena told Chloe that she must ______ ______ too much food.

(4) 本文の内容に合うものには○，合わないものには×を書きなさい。

ア（　　）聖奈は，はしとフォークの使い方は似ていると言った。

イ（　　）聖奈は，食べ物を残さないことが日本のマナーだと言った。

④ リスニング　音声を聞いて，あとの問いに答えなさい。

英語音声

Cl-52

中学生の湊（みなと）と留学生のメイ(May)が話しています。会話の内容に合うように______に１語ずつ補って，文を完成させなさい。

In Japan, when we meet someone for the first time, we ______ to show our ______.

らくらくマルつけ

Ca-52

外国でのマナーを知る

答えと解き方➡別冊 p.45

1 英単語　意味を書き，つづりも書いて，覚えましょう。

- □(1) besides　意味 ______　besides
- □(2) original　意味 ______　original
- □(3) service　意味 ______　service
- □(4) make a noise　意味 ______　make a noise
- □(5) slurp　意味 ______　slurp
- □(6) normal　意味 ______　normal
- □(7) lift　意味 ______　lift
- □(8) scold　意味 ______　scold
- □(9) make eye contact　意味 ______　make eye contact

2 読解　次の英文を読んで，あとの設問に答えなさい。

中学生の大雅(たいが)は，日本に観光に来た友だちのディラン(Dylan)とカフェに来ています。

Dylan: ① Do we have to give wait staff tips in Japan?
（wait staff：接客係　tips：チップ）

Taiga: What is a tip?

Dylan: In America, we pay additional money to wait staff besides the original payment. We do so to thank them [②] their service.
（payment：支払い）

Taiga: In Japan, just saying "thank you" when you leave is enough.

(1) マナーを説明する　下線部①を日本語にしなさい。

(　　　　　　　　　　　　)

(2) 感謝を表す　[②] に入る語をア～ウから１つ選びなさい。　ア for　イ to　ウ in　(　　　)

(3) 内容の理解　本文の内容と合わないものを１つ選びなさい。

ア　大雅はチップについて知らなかった。
イ　チップは最初から料金に含まれている。
ウ　大雅は店員にお礼を言えば十分だと言った。(　　　)

ヒント
(1)〈give＋人＋もの〉の形。
(2)「…に対して(人)に感謝する」という意味になる。
(3) 英文中で述べられていないことに注意する。

③ 読解　次の英文を読んで，あとの設問に答えなさい。

アメリカの学校に留学中の春樹は，クラスメートのオリバー(Oliver)とレストランで食事をしています。

Oliver: Haruki, you shouldn't make a noise when you eat soup.

Haruki: Oh, really? I didn't know that.

Oliver: When I ate with another Japanese friend before, he also slurped his soup. ① Is that normal in Japan?

Haruki: We make a noise when we eat miso soup. It isn't bad manners. But while I'm in America, I'll try to eat soup quietly.

Oliver: Are there any other table manners different from ② those in Japan?

Haruki: ③ (learn / we / surprised / was / mustn't / to / I) lift our plates. In Japan, we should hold our bowl of rice when we eat it. My host mother scolded me when I was holding my plate of rice.

(1) 下線部①を that が指す内容を明らかにして日本語にしなさい。

(　　　　　　　　　　　　　　　　　　　　　　　　　　)

(2) 下線部②が指すものを英語２語で書きなさい。 ＿＿＿＿＿＿＿＿＿＿

(3) 下線部③が意味の通る文になるように，(　)内の語を並べかえなさい。

＿＿＿＿＿＿＿＿＿＿＿＿＿＿＿＿＿＿＿＿ lift our plates.

(4) 本文の内容に合うものには○，合わないものには×を書きなさい。

ア (　　　) 春樹はスープを飲むときのアメリカでのマナーを知らなかった。

イ (　　　) 春樹は日本でみそ汁を飲むときには音を立てない。

ウ (　　　) 春樹はスープをすすったことでホストマザーにしかられた。

④ リスニング　音声を聞いて，あとの問いに答えなさい。

英語音声

Cl-53

中学生の莉子と留学生のジェイミー(Jamie)が話しています。会話の内容に合うように(　)に日本語を補って，文を完成させなさい。

ジェイミーの国では，相手と(　　　　　　　　　　　　)ことは相手に(　　　　　　　　　　)ということを表す。

らくらくマルつけ

Ca-53

非常時にすべきこと

答えと解き方➡別冊 p.46

1 英単語　意味を書き，つづりも書いて，覚えましょう。

□ (1) disaster　意味 ＿＿＿＿　disaster
□ (2) earthquake　意味 ＿＿＿＿　earthquake
□ (3) drill　意味 ＿＿＿＿　drill
□ (4) occur　意味 ＿＿＿＿　occur
□ (5) protect　意味 ＿＿＿＿　protect
□ (6) evacuate　意味 ＿＿＿＿　evacuate
□ (7) power outage　意味 ＿＿＿＿　power outage
□ (8) prepare for ...　意味 ＿＿＿＿　prepare for ...
□ (9) get away from ...　意味 ＿＿＿＿　get away from ...

2 読 解　次の英文を読んで，あとの設問に答えなさい。

中学生の伊吹（いぶき）は，留学生のロバート(Robert)と教室で話しています。

Robert: We have an earthquake drill tomorrow. What should we do when an earthquake occurs? Should we go outside?

Ibuki: Rushing（急いで行く） outside is dangerous. ① You have to get under a table to protect yourself. Closets and cupboards（食器だな） can fall over（倒れる）.

Robert: Oh, then we should get away from ② them.

(1) 非常時の行動　下線部①を日本語にしなさい。

(　　　　　　　　　　)

(2) 相手への伝え方　下線部②が指すものを英語3語で書きなさい。＿＿＿＿

(3) 内容の理解　本文の内容と合うものを1つ選びなさい。

ア　伊吹たちは今日，地震の訓練がある。
イ　ロバートは地震のときに外に出てはいけないと言った。
ウ　伊吹は家具が倒れることを想定している。(　　　　)

ヒント
(1) yourself は「あなた自身を」という意味。
(2) get away from ... は「…から離れる」という意味。
(3) 言いかえられている内容に注意。

3 読解　次の英文を読んで，あとの設問に答えなさい。

アメリカに留学中の美乃里(みのり)は，ホストシスターのルーシー(Lucy)と話しています。

Lucy: From June to November is hurricane (ハリケーン) season. We have to prepare for hurricanes.

Minori: I see. Above all (何よりも), we need water and food, right?

Lucy: Yes. During a hurricane, we may have water outages (断水) and power outages. So ① we should buy preserved food (保存食), such as canned food (缶詰), so that (…するために) we can eat them without cooking.

Minori: If a hurricane is coming, what should we do?

Lucy: We should protect the windows with boards. ② We may have to evacuate. Let's check the location of the evacuation shelter (避難所) and the evacuation route (避難経路).

(1) 下線部①の理由になるように，(　)に適する日本語を書きなさい。

ハリケーン中には(　　　　　　　　)が起こる可能性があり，

(　　　　　　　　)食べられるものが必要だから。

(2) 下線部②を日本語にしなさい。

(　　　　　　　　　　　　　　　　)

(3) 次の質問に英語で答えなさい。

[1] When is hurricane season?

____

[2] What should they do when a hurricane is coming?

____

4 リスニング　音声を聞いて，あとの問いに答えなさい。

英語音声

Cl-54

留学生のジョセフ(Joseph)と担任の関(せき)先生が話しています。会話の内容に合うように(　)に日本語を補って，文を完成させなさい。

今度の(　　　　)曜日に，(　　　　　　　　)で火災が起きたことを想定した避難訓練がある。

らくらくマルつけ

Ca-54

おすすめの観光地をたずねる

答えと解き方➡別冊 p.46

1 英単語　意味を書き，つづりも書いて，覚えましょう。

□(1) tourist spot　意味 ＿＿＿＿　tourist spot
□(2) recommended　意味 ＿＿＿＿　recommended
□(3) recommendation　意味 ＿＿＿＿　recommendation
□(4) attractive　意味 ＿＿＿＿　attractive
□(5) well-known　意味 ＿＿＿＿　well-known
□(6) hidden　意味 ＿＿＿＿　hidden
□(7) magnificent　意味 ＿＿＿＿　magnificent
□(8) architecture　意味 ＿＿＿＿　architecture
□(9) among　意味 ＿＿＿＿　among

2 読解　次の英文を読んで，あとの設問に答えなさい。

中学生の悠里(ゆうり)は，イギリスに住む友だちのカーター(Carter)にメールを書いています。

Hi, Carter! I'm going to visit the U.K. with my brother next August. ① Can you tell me your recommended tourist spots? I want to see magnificent buildings. My brother wants to learn about the history of the U.K. We're going to stay in London for five days, so I'll be happy if you can tell me some good places around ② there. I'm looking forward to your reply.

(1) おすすめをたずねる　下線部①を日本語にしなさい。

(　　　　　　　　　　　　)

(2) 相手への伝え方　下線部②が指す場所を日本語で書きなさい。

(　　　　　　　　　　　　)

(3) 内容の理解　本文の内容と合うものを１つ選びなさい。

ア　悠里は夏にイギリスを訪れる予定だ。
イ　悠里は壮大な歴史を学べる場所に行きたい。
ウ　悠里は１週間イギリスに滞在する予定だ。　(　　　　)

ヒント
(1) 〈tell ＋ 人 ＋ もの〉の形。
(2) 直前の内容に注目。
(3) だれが何をしたいかを注意深くチェックする。

3 読解　次の英文を読んで，あとの設問に答えなさい。

中学生の寧々(ねね)は，イタリアに住む友だちのジュリア(Giulia)とメールでやりとりしています。

Nene: Hi, Giulia. I'm planning to go to Rome for the first time next spring. ① Please recommend some places to visit to me. I'm interested in architecture in Italy. I'm going to go with my cousin, and she wants to try lots of delicious Italian food. I hope to hear from you soon.

Giulia: Hi, Nene. I'm glad to hear you're going to come to Italy. Do you know the Vatican City (バチカン市国) in Rome? ② It's the smallest country in the world, but (the world / has / church / it / largest / in / the). If you are interested in architecture, you must go there. And I'll share a link to a restaurant's website. Not many tourists go there, but it's very popular among local (地元の) people. It's my recommendation!

(1) 下線部①を日本語にしなさい。

(　　　　　　　　　　　　　　　　　　　　)

(2) 下線部②が意味の通る文になるように，(　)内の語句を並べかえなさい。

..., but ＿＿＿＿＿＿＿＿＿＿＿＿＿＿＿＿＿＿＿＿.

(3) 本文の内容に合うように＿＿に1語ずつ補って，文を完成させなさい。

[1] Giulia is happy because Nene is going to ＿＿＿＿＿ ＿＿＿＿＿ ＿＿＿＿＿.

[2] Giulia recommends a ＿＿＿＿＿ popular among ＿＿＿＿＿ people.

4 リスニング　音声を聞いて，あとの問いに答えなさい。

英語音声

CI-55

中学生の詩織(しおり)が中国に住む友だちにメールを書いています。メールの内容に合うように，(　)内のア，イから適するほうを選び，記号を○でかこみなさい。

詩織は今度の(ア　春　　イ　秋)に家族で中国に行く予定なので，(ア　おみやげを買う　　イ　景色を楽しむ)のによい場所を友だちにたずねている。

らくらくマルつけ

Ca-55

休んだ友だちに学校の様子を伝える

答えと解き方➡別冊 p.47

1 英単語 意味を書き，つづりも書いて，覚えましょう。

- □(1) inform ... of ～ 意味 ＿＿＿＿ ✎ inform ... of ～
- □(2) timetable 意味 ＿＿＿＿ ✎ timetable
- □(3) ... period 意味 ＿＿＿＿ ✎ ... period
- □(4) first 意味 ＿＿＿＿ ✎ first
- □(5) second 意味 ＿＿＿＿ ✎ second
- □(6) third 意味 ＿＿＿＿ ✎ third
- □(7) fourth 意味 ＿＿＿＿ ✎ fourth
- □(8) fifth 意味 ＿＿＿＿ ✎ fifth
- □(9) copy 意味 ＿＿＿＿ ✎ copy
- □(10) because of ... 意味 ＿＿＿＿ ✎ because of ...

2 読解 次の英文を読んで，あとの設問に答えなさい。

中学生の未央(みお)は，風邪で学校を休んだマイク(Mike)にメールを書いています。

Hi, Mike. How's your cold? Do you feel a little better now? I'm e-mailing you to inform you [①] a timetable change(変更). Tomorrow is Wednesday, so we usually have math in the fourth period on the timetable, but it will change to history. Instead, history in the second period on Friday will change to math. ② I hope to see you at school tomorrow. Take care!

(1) 「(人)に…を知らせる」 [①] に入る語をア～ウから1つ選びなさい。 ア in イ of ウ to （　　　）

(2) 励ましの気持ちを伝える 下線部②を日本語にしなさい。
（　　　　　　　　　　）

(3) 内容の理解 本文の内容と合わないものを1つ選びなさい。
ア マイクは火曜日に学校を休んだ。
イ 時間割上では，明日の4時間目の授業は歴史である。
ウ 金曜日の2時間目の授業は数学になる。 （　　　）

ヒント
(1) 「あなたに時間割の変更を知らせる」という意味になる。
(2) hope to ... は「…することを望む」という意味。
(3) 変更する前後の教科に注意。

3 読解　次の英文を読んで，あとの設問に答えなさい。

中学生の正臣(まさおみ)は，学校を休んだギャビン(Gavin)とメールでやりとりしています。

Masaomi: Hi, Gavin. You were absent from school today. Did you catch a cold? ① Will you be able to come to school tomorrow?

Gavin: Thank you for your e-mail, Masaomi. I had a fever. I feel a little better now, but I think I should stay home for one more day to rest.

Masaomi: That's too bad. Do you mind if I visit you?

Gavin: I don't think you ② should. I don't want to give you my cold. Thanks anyway.

Masaomi: OK. When you come back to school, I will show you my notebooks. You can copy my notes. I hope you will get [③] soon.

notes 記録, ノート

(1) 下線部①を日本語にしなさい。

(　　　　　　　　　　)

(2) 下線部②のあとに省略されている語句を，英語２語で書きなさい。

＿＿＿＿＿＿＿＿

(3) [③] に入る語をア〜ウから１つ選びなさい。

ア well　イ tired　ウ cold　(　　)

(4) 本文の内容に合うものには○，合わないものには×を書きなさい。

ア (　　) ギャビンは今日，頭痛で学校を休んだ。

イ (　　) ギャビンは明日，学校に行くつもりだ。

ウ (　　) 正臣はギャビンにお見舞いに行ってもいいかとたずねた。

4 リスニング　音声を聞いて，あとの問いに答えなさい。

英語音声

Cl-56

留学生のイライザ(Eliza)は，学校を休んだ拓海(たくみ)にメールを書いています。メールの内容に合うように(　)に日本語を補って，文を完成させなさい。

(1) 拓海は(　　　　)のために学校を休んだ。

(2) 明日は(　　　　　　)がある。

らくらくマルつけ

Ca-56

パーティーの日時を伝える

CI-57

答えと解き方➡別冊 p.48

1 英単語　意味を書き，つづりも書いて，覚えましょう。

□(1) farewell party 意味 ＿＿＿＿ ✎ farewell party

□(2) Christmas 意味 ＿＿＿＿ ✎ Christmas

□(3) venue 意味 ＿＿＿＿ ✎ venue

□(4) invitation 意味 ＿＿＿＿ ✎ invitation

□(5) host 意味 ＿＿＿＿ ✎ host

□(6) collect 意味 ＿＿＿＿ ✎ collect

□(7) per 意味 ＿＿＿＿ ✎ per

□(8) just around the corner 意味 ＿＿＿＿ ✎ just around the corner

□(9) feel free to ... 意味 ＿＿＿＿ ✎ feel free to ...

2 読解　次の英文を読んで，あとの設問に答えなさい。

中学生の清志(きよし)は，クラスメートのグレース(Grace)にメールを書いています。

Hi, Grace. Our English teacher, Ms. Hara, will leave our school soon. So we will have a farewell party for her on Saturday, June 11 from four to seven in the evening. The venue is my house. I will collect 500 yen per person for food, drinks and a gift for her. If you can come to the party, please reply by June 4. I hope you can [①] it.

(1) 「出席する」 [①] に「出席する」を表す英語1語を書きなさい。 ＿＿＿＿

(2) 期限を伝える　出席の連絡の期限を日本語で書きなさい。
(　　　　)

(3) 内容の理解　本文の内容と合わないものを1つ選びなさい。

ア　パーティーは4時間を予定している。

イ　パーティーの参加費は500円である。

ウ　原(はら)先生にプレゼントを渡す予定だ。　(　　)

ヒント

(1) it は the party を指している。

(2) 「…までに」と期限を表している部分を探す。

(3) 数字に注意。

3 読解　次の英文を読んで，あとの設問に答えなさい。

中学生の華(はな)は，留学生のジェイコブ(Jacob)にメールを書いています。

Dear Jacob,

The end of the year is just around the [①]. Do you have any plans for Christmas? I'm going to have a Christmas party with some classmates. Would you like to join us?

[Date] Thursday, December 25　　　[Time] 11 a.m. to 4 p.m.

[Place] My house

We will exchange presents, so please bring a present of up to 700 yen. And bring some food and drink to share. ② Please (friends / free / invite / to / feel / your). If you'll bring your friends, please ③ tell me by the 20th.

(1) 「年末はもうすぐです」という意味になるように，[①]に入る英語1語を書きなさい。

______

(2) 下線部②が意味の通る文になるように，(　)内の語を並べかえなさい。

Please ______.

(3) 下線部③について，華は何を伝えるように言っているか。(　)に適する日本語を書きなさい。

(　　　　　　)ということ。

(4) 本文の内容に合うものには○，合わないものには×を書きなさい。

ア (　　)華は家族とのパーティーにジェイコブを招待した。

イ (　　)パーティーは華の家で行われる。

ウ (　　)パーティーの参加者は700円までの飲食物を持ってくる。

4 リスニング　音声を聞いて，あとの問いに答えなさい。

英語音声

Cl-57

中学生のすみれは，留学生のメアリー(Mary)にメールを書いています。メールの内容に合うように，(　)に適する数字を書きなさい。

すみれの妹の誕生日パーティー

日付：(　　　)月(　　　)日

時間：午後(　　　)時から(　　　)時

らくらくマルつけ

Ca-57

宿題についてメールする

答えと解き方➡別冊 p.49

1 英単語 意味を書き，つづりも書いて，覚えましょう。

□(1) due 意味 ＿＿＿＿ due
□(2) deadline 意味 ＿＿＿＿ deadline
□(3) turn in 意味 ＿＿＿＿ turn in
□(4) hand in 意味 ＿＿＿＿ hand in
□(5) book report 意味 ＿＿＿＿ book report
□(6) essay 意味 ＿＿＿＿ essay
□(7) simple 意味 ＿＿＿＿ simple
□(8) by myself 意味 ＿＿＿＿ by myself
□(9) on my way home 意味 ＿＿＿＿ on my way home

2 読解 次の英文を読んで，あとの設問に答えなさい。

留学生のクロエ(Chloe)は，クラスメートの愛里(あいり)にメールを書いています。

Hi, Airi. I have something to ask (頼む) you. ① Mr. Kaneko gave the international students (留学生) Japanese homework. We have to read a book in simple Japanese and write a short book report. I want to look for a book at the city library, but I don't think I can find a good one ② 1人で. Can you come with me to look for a book together after school tomorrow?

(1) 宿題を出す 下線部①を日本語にしなさい。

(　　　　　　　　　　)

(2) 「1人で」 下線部②の日本語を，英語2語で書きなさい。

＿＿＿＿ ＿＿＿＿

(3) 内容の理解 本文の内容と合うものを1つ選びなさい。

ア クロエは難しい本を読む必要がある。
イ クロエは学校の図書館で本を探す。
ウ クロエは明日の放課後に図書館に行く。 (　　　)

ヒント
(1) 〈give ＋人＋もの〉の形。
(2) 「自分の力だけで」という意味を表す。
(3) 場所や時を表す語句を注意深くチェックする。

❸ 読解　次の英文を読んで，あとの設問に答えなさい。

中学生の泰成(たいせい)は，留学生のアレックス(Alex)とメールでやりとりしています。

Alex: Hi, Taisei. Are you free after school tomorrow? Let's do our math homework together in the library.

Taisei: I'm free tomorrow, but ① the math homework is due tomorrow, right? Last Friday, our homeroom (担任の先生) teacher said that there would be a change in the timetable. We usually don't have math on Mondays, but tomorrow Japanese in the third period will change to math.

Alex: I forgot about ② that! Then I have to do the homework today. Do you have time to help me [③] it now?

Taisei: I'm on my way home now. Come to my house in thirty minutes.

(1) 下線部①を日本語にしなさい。

(　　　　　　　　　　　　　　　　　　　　)

(2) 下線部②が表す内容になるように，(　)に適する日本語を書きなさい。

明日の３時間目が(　　　　　　　　　　　　)ということ。

(3) [③] に入る語をア～ウから１つ選びなさい。

ア　to　　イ　of　　ウ　with　　(　　　　)

(4) 本文の内容に合うものには○，合わないものには×を書きなさい。

ア (　　) アレックスは今から図書館で宿題をするつもりだった。

イ (　　) 明日は月曜日である。

ウ (　　) 泰成は30分後には自宅に到着している。

❹ リスニング　音声を聞いて，あとの問いに答えなさい。

英語音声

Cl-58

中学生の孝太郎(こうたろう)は，留学生のアリス(Alice)にメールを書いています。メールの内容に合うように(　)に日本語を補って，文を完成させなさい。

生徒たちは今日，(　　　　　　)を提出することになっていたが，アリスは今日欠席したので，今度の(　　　　)曜日に提出する。

らくらくマルつけ

Ca-58

ホームステイのお礼を伝える

答えと解き方➡別冊 p.50

1 英単語　意味を書き，つづりも書いて，覚えましょう。

□(1) host family　意味 ＿＿＿＿　✎ host family
□(2) accept　意味 ＿＿＿＿　✎ accept
□(3) hospitality　意味 ＿＿＿＿　✎ hospitality
□(4) kindness　意味 ＿＿＿＿　✎ kindness
□(5) memorable　意味 ＿＿＿＿　✎ memorable
□(6) safely　意味 ＿＿＿＿　✎ safely
□(7) the day before yesterday　意味 ＿＿＿＿　✎ the day before yesterday
□(8) confident　意味 ＿＿＿＿　✎ confident

2 読解　次の英文を読んで，あとの設問に答えなさい。

留学から帰ってきた智晴(ともはる)は，ホストファミリーにメールを書いています。

How is everyone? That homestay(ホームステイ) was my first time in the U.K. When I arrived [①] your house, I was very nervous, but you welcomed me warmly(温かく). I really enjoyed living with you during my two-month stay. ②(memorable / was / the / thing / most) hiking with you. Thank you.

(1) 「…に着く」 [①] に入る語をア～ウから１つ選びなさい。　ア at　イ for　ウ to　（　　　）

(2) 思い出を伝える　下線部②が意味の通る文になるように，(　)内の語を並べかえなさい。

＿＿＿＿＿＿＿＿＿＿＿＿＿＿＿＿ hiking with you.

(3) 内容の理解　本文の内容と合うものを１つ選びなさい。

ア　智晴は留学以前にイギリスに行ったことがなかった。
イ　智晴は留学先で最初からリラックスすることができた。
ウ　智晴は１か月間ホームステイをした。　（　　　）

ヒント
(1)「(場所)に着く」という意味になる。
(2) 最上級の文になる。
(3) 言いかえられている内容に注意。

③ 読解　次の英文を読んで，あとの設問に答えなさい。

留学から帰ってきた千鶴は，ホストファミリーのハリス夫妻(Mr. and Mrs. Harris)にメールを書いています。

Dear Mr. and Mrs. Harris,

I arrived back in Nagano safely the day before yesterday. Thank you for your hospitality during my stay in Australia. I'll go back to my school here next week. I'm happy to see my friends again, but I miss you!

① At first, (my / was / confident / English / not / I / about). My English improved because you talked with me a lot and tried to understand me.

You took me to a beautiful beach. I will never forget the scenery. I took pictures of you there, so I'll attach ② them to this e-mail.

Again, thank you for accepting me as a member of your family.

(1) 下線部①が意味の通る文になるように，(　)内の語を並べかえなさい。

At first, ＿＿＿＿＿＿＿＿＿＿＿＿＿＿＿＿＿＿.

(2) 千鶴の英語が上達した理由を日本語で書きなさい。

(　　　　　　　　　　　　　　　　　　)

(3) 下線部②が指すものになるように，(　)に適する日本語を書きなさい。

千鶴が(　　　　　　　　)で撮った(　　　　　　　　)の写真。

(4) 本文の内容に合うものには○，合わないものには×を書きなさい。

ア (　　) 千鶴は昨日，長野に帰ってきた。

イ (　　) 千鶴は来週からまた日本の学校に通い始める。

ウ (　　) 千鶴は浜辺で見た景色が思い出に残っている。

④ リスニング　音声を聞いて，あとの問いに答えなさい。

英語音声

CI-59

留学から帰ってきた百花は，ホストファミリーにメールを書いています。メールの内容に合うように＿＿に１語ずつ補って，文を完成させなさい。

Momoka's best memory during her stay in ＿＿＿＿＿＿ was the ＿＿＿＿＿＿ ＿＿＿＿＿＿ for her.

らくらくマルつけ

Ca-59

まとめのテスト③

／100点

答えと解き方➡別冊 p.51

1 英単語 次の英語は日本語に，日本語は英語になおしなさい。［3点×10＝30点］

(1) building （　　　　） (2) disability （　　　　）
(3) occur （　　　　） (4) noisy （　　　　）
(5) diversity （　　　　） (6) 親切 ＿＿＿＿
(7) 決して…ない ＿＿＿＿ (8) 乗り遅れる ＿＿＿＿
(9) 地震 ＿＿＿＿ (10) 招待する ＿＿＿＿

2 読解 次の英文を読んで，あとの設問に答えなさい。［5点×4＝20点］

恭也(きょうや)は電車の中でシンガポールからの留学生であるライアン(Ryan)に会いました。

Ryan: Hi, Kyoya. You were drinking bottled (ペットボトルの) water. Can you ① do that on the train in Japan?

Kyoya: What do you mean?

Ryan: In Singapore (シンガポール), we [②] eat or drink on trains or buses.

Kyoya: Really? What happens if you do?

Ryan: We have to pay a fine (罰金) of $500.

Kyoya: I didn't know that. Don't worry. In Japan, drinking on trains is a normal thing. But eating food with a strong smell (におい) is bad manners.

(1) 下線部①を英語3語で書きかえなさい。

＿＿＿＿＿＿＿＿＿＿＿＿

(2) [②] に入るものをア～ウから1つ選びなさい。

ア don't have to　　イ must not　　ウ have to　　（　　　）

(3) 恭也は，日本の電車内ではどんなことがマナー違反であると言っているか。日本語で書きなさい。（　　　　　　　　　　）

(4) 本文の内容と合わないものを1つ選びなさい。

ア 恭也は電車内で飲み物を飲んだ。

イ 恭也は罰金を払わなければならない。

ウ 恭也はシンガポールのルールを知らなかった。　　（　　　）

3 読解　次の英文を読んで，あとの設問に答えなさい。[32点]

中学生の紗子(さえこ)は，留学生のカミラ(Camila)と話しています。

Saeko: We are going to see the movie next Saturday. We will meet up in front of our school at eleven in the morning, right?

Camila: Yes, that's right. Oh, why don't we invite Misa to the movie, too?

Saeko: ① That's a good idea. I'll e-mail her now .... Oh, I received a reply. Well, she says ② she has to help her family with housework on Saturday morning. She can go in the afternoon.

Camila: OK, then let's reschedule. How about one in the afternoon?

Saeko: That's fine with me. I will ask Misa .... She says she can [③] it!

Camila: Great! Then let's meet up at one.

(1) 下線部①が表す内容になるように，(　)に適する日本語を書きなさい。(6点)

美沙(みさ)を(　　　　　　　　　　　　)こと。

(2) 下線部②を日本語にしなさい。(7点)

(　　　　　　　　　　　　　　　　　　　　)

(3) [③] に入る語をア～ウから1つ選びなさい。(5点)

ア like　イ make　ウ go　(　　　)

(4) 次の質問に英語で答えなさい。(7点×2＝14点)

［1］ How many people will see the movie? ______________

［2］ Where will they meet up?

____

4 リスニング　音声を聞いて，あとの問いに答えなさい。[6点×3＝18点]

英語音声

Cl-60

オリバー(Oliver)が麻耶(まや)に電話をかけています。麻耶がとったメモとなるように，(　)に適する日本語や数字を書きなさい。

スティーブの(　　　　　　　　)を開くので，火曜日の

午後(　　　　)時にオリバーの家に行く。

※食べ物を持参する。(　　　　　　　　)は不要。

らくらくマルつけ

Ca-60

チャレンジテスト❶

／100点

答えと解き方➡別冊 p.52

1 読解　次の英文を読んで，あとの設問に答えなさい。[18点]

中学生の尚宏(なおひろ)は，留学生のアンディ(Andy)と話しています。

Andy: Good morning, Naohiro. You [①] tired today.

Naohiro: Yes. I visited my grandparents in Nagano yesterday.

Andy: ② I'm sure that was a long trip. [③] did you get home?

Naohiro: At about 10 p.m. Then I took a shower and went to bed at almost midnight. I'm sleepy now.

midnight：真夜中，夜の12時

(1) [①] に入る語をア～ウから1つ選びなさい。(5点)

ア catch　イ make　ウ look　(　　)

(2) 下線部②を日本語にしなさい。(8点)

(　　)

(3) [③] に入る英語2語を書きなさい。(5点)

＿＿＿＿ ＿＿＿＿

2 読解　次の英文を読んで，あとの設問に答えなさい。[20点]

中学生の佑香(ゆうか)と，佑香の家にホームステイしているアマンダ(Amanda)が話しています。

Amanda: I'm really sorry. I broke your cup while I was washing the dishes.

broke：割った

Yuka: Don't worry. You didn't do it [①] purpose.

Amanda: Thank you. [②] don't we go shopping to buy a new cup?

Yuka: That sounds good. Let's go next Saturday.

(1) [①] に入る英語1語を書きなさい。(6点)　＿＿＿＿

(2) [②] に入る英語1語を書きなさい。(6点)　＿＿＿＿

(3) 本文の内容と合わないものを1つ選びなさい。(8点)

ア アマンダは掃除中にカップを割った。

イ 佑香はカップを割られたことを怒っていない。

ウ 佑香とアマンダは今度の週末に買い物に行く。　(　　)

3 読解　次の英文を読んで，あとの設問に答えなさい。[44点]

中学生の晴太(せいた)は，留学生のビル(Bill)と話しています。

Seita: If you like skiing or snowboarding, would you like to go to the ski resort with my family?

Bill: Sounds fun, but I have no experience in either(どちらも). Which is more difficult, skiing or snowboarding?

Seita: I can't answer ① your question. They are two very different sports. ② But (at / than / I'm / snowboarding / skiing / better). When I snowboarded for the first time, I was very scared!

Bill: I see. But I think snowboarding looks cooler.

Seita: If you are interested, you should give it a try! My father can snowboard well, so he can teach you.

(1) 下線部①が表す内容になるように，(　)に適する日本語を書きなさい。(8点)

(　　　　　　　　　　　　　　　　　　　　)という質問。

(2) 下線部②が意味の通る文になるように，(　)内の語を並べかえなさい。(8点)

But ＿＿＿＿＿＿＿＿＿＿＿＿＿＿＿＿＿＿＿＿.

(3) 次の質問に英語で答えなさい。(10点)

Who can teach Bill snowboarding?

＿＿＿＿＿＿＿＿＿＿＿＿＿＿＿＿＿＿＿＿

(4) 本文の内容に合うものには○，合わないものには×を書きなさい。(9点×2＝18点)

ア (　　　)ビルはスキーとスノーボードをどちらもやったことがない。

イ (　　　)晴太はスキーとスノーボードには共通点が多いと考えている。

4 リスニング　音声を聞いて，あとの問いに答えなさい。[6点×3＝18点]

英語音声

CI-61

中学生の桜子(さくらこ)がデパートの案内係の店員に質問しています。会話の内容に合うように(　)に日本語や数字を補って，文を完成させなさい。

桜子は(　　　　　　　　　　)を買いに，(　　　　　)階の(　　　　　　　　　　)のとなりにある本屋に行く。

らくらくマルつけ

Ca-61

チャレンジテスト❷

／100点

答えと解き方➡別冊 p.53

1 読解　次の英文を読んで，あとの設問に答えなさい。[19点]

中学生の豪志(ごうし)は，留学生のリアム(Liam)と話しています。

Goshi: [①] your father's job?

Liam: He is a firefighter. I respect him for his job.

Goshi: Do you want to do ② the same job as your father in the future?

Liam: Actually, ③ I want to be a computer programmer like my mother.

(1) [①] に入る英語1語を書きなさい。(5点)　＿＿＿＿＿

(2) 下線部②が指すものを日本語で書きなさい。(6点)　(　　　　　)

(3) 下線部③を日本語にしなさい。(8点)

(　　　　　　　　　　　　　　　　　　　　)

2 読解　次の英文を読んで，あとの設問に答えなさい。[19点]

家族の仕事の都合で日本にやってきたマーク(Mark)は，担任の和田(わだ)先生と話しています。

Mark: Can I bring my smartphone to school?

Ms. Wada: Yes, you can. But you must keep ① it in your bag. You can only use it to contact (連絡をとる) your parents.

Mark: I understand. Are there any other school rules to ② 覚えておく?

Ms. Wada: When you go to karaoke or an amusement arcade (ゲームセンター), you must go with an adult.

(1) 下線部①が指すものを日本語で書きなさい。(5点)　(　　　　　)

(2) 下線部②の日本語を，英語3語で書きなさい。(6点)

＿＿＿＿＿　＿＿＿＿＿　＿＿＿＿＿

(3) 本文の内容と合うものを1つ選びなさい。(8点)

ア　学校にスマートフォンを持ってきてはいけない。

イ　学校でスマートフォンを使ってはいけない。

ウ　生徒だけでカラオケに行ってはいけない。　(　　)

3 読解　次の英文を読んで，あとの設問に答えなさい。［44点］

中学生の由香里(ゆかり)は，留学生のケイト(Kate)とメールでやりとりしています。

Kate: Hi, Yukari. You were absent from school today. Are you OK? I'll tell you about the homework. The English essay was due today, but Ms. Hoshino said you could ① 提出する your essay at the next class. So ② you have to bring it next Friday. And Mr. Yamashita gave us homework today. We have to solve(解く) the problems on page 62 of the math textbook. I hope you can come to school tomorrow.

Yukari: Hi, Kate. I had a fever today. I feel a little better now, but I don't think I can go to school tomorrow. Anyway, thank you for e-mailing me and telling me about the homework. It is very helpful(助けになる).

(1) 下線部①の日本語を，英語２語で書きなさい。(6点)

________ ________

(2) 下線部②を it が指す内容を明らかにして日本語にしなさい。(8点)

(　　　　　　　　　　　　　　　　　　　　　　　　)

(3) 由香里が今日学校を休んだ理由を日本語で書きなさい。(6点)

(　　　　　　　　　　　　　　　　　　　　　　　　)

(4) 本文の内容に合うものには○，合わないものには×を書きなさい。(8点×3＝24点)

ア (　　　) 金曜日は英語の授業がある。

イ (　　　) 山下(やました)先生は数学の先生である。

ウ (　　　) 由香里は明日，学校に行くことができる。

4 リスニング　音声を聞いて，あとの問いに答えなさい。［6点×3＝18点］

英語音声

CI-62

中学生の克也(かつや)と留学生のエレナ(Elena)が話しています。今週末の天気についてあてはまるものを下のア～エから選びなさい。

(1) 土曜日 (　　　　)

(2) 日曜日 (　　　　) のち (　　　　)

ア 晴れ　　イ 雨　　ウ くもり　　エ 雪

らくらくマルつけ

Ca-62

□ 編集協力　㈱オルタナプロ　鹿島由紀子　白石あゆみ

□ 本文デザイン　土屋裕子(㈲ウエイド)

□ コンテンツデザイン　㈲Y-Yard

□ 音声収録　一般財団法人英語教育協議会(ELEC)

シグマベスト

アウトプット専用問題集
中2英語[単語・読解・リスニング]

編　者　文英堂編集部

発行者　益井英郎

印刷所　岩岡印刷株式会社

発行所　株式会社文英堂

〒601-8121　京都市南区上鳥羽大物町28
〒162-0832　東京都新宿区岩戸町17
(代表)03-3269-4231

●落丁・乱丁はおとりかえします。

ΣBEST シグマベスト

書いて定着

アウトプット専用問題集

中2英語

単語・読解・リスニング

答えと解き方

文英堂

1 週末の行動についてたずねる 本冊 p.4

❶ (1) 週末に　(2) 練習する
(3) 家にいる　(4) 外出する
(5) 外食する　(6) 写真を撮る
(7) スマートフォン　(8) 宿題
(9) 家事　(10) …の一員

❷ (1) **on**
(2) **I usually watch dramas**
(3) ア

❸ (1) あなたはバスケットボール部の一員です
(2) **Yes, do**
(3) **What do you do on weekends?**
(4) ア ×　イ ○　ウ ○

❹ **Sundays, study Japanese**

解き方

❷ (2) 頻度を表す副詞の usually は，一般動詞の前に置きます。
(3) 日本語訳 を確認しましょう。

日本語訳
真奈：あなたは週末に何をしますか。
ニック：ぼくはよく兄と買い物に行きます。あなたはどうですか。
真奈：私はふつうスマートフォンでドラマを見ます。
ニック：ぼくもひまな時間にスマートフォンで動画を見るのが好きです。

❸ (3)「何を」とたずねるので，What で文を始め，一般動詞の疑問文の語順〈do＋主語＋動詞の原形 ...?〉を続けます。
(4) 日本語訳 を確認しましょう。

日本語訳
ヤング先生：あなたはバスケットボール部の一員ですね。ふつう週末にバスケットボールを練習するのですか。
直樹：はい，します。毎週土曜日の午前中に練習します。
ヤング先生：すばらしい。それでは，ふつう日曜日には何をしますか。
直樹：家にいるのが好きです。ぼくはふつう部屋で本を読みます。あなたは週末に何をしますか。
ヤング先生：私はよく外出して，写真を撮ります。

❹ **読まれた英文の日本語訳**
哲：あなたは日曜日に何をしますか。
リンダ：私はふつう図書館で日本語を勉強します。

2 先週末にしたことを話す 本冊 p.6

❶ (1) この前の…，昨…　(2) 焼く
(3) …してみる　(4) 買う
(5) 洗う　(6) レシピ
(7) いとこ　(8) サイクリング
(9) たくさんの…　(10) 一日中

❷ (1) **cookies**
(2) 私はそこでお菓子のレシピ本を買いました。
(3) イ

❸ (1) 車を洗うこと　(2) **came**
(3) **[1] He stayed at Kevin's house.**
[2] He went cycling (with his cousin).
(4) ア ○　イ ○　ウ ×

❹ **practiced, guitar, Sunday**

解き方

❷ (1) they は複数を表す語を指す代名詞です。
(2) **bought** は **buy**「買う」の過去形です。there は本屋を指しています。
(3) 日本語訳 を確認しましょう。

日本語訳
この前の土曜日，私は母とクッキーを焼きました。初めて焼いたのですが，おいしかったです。ほかのお菓子も作ってみたいと思ったので，その次の日に本屋に行きました。そこでお菓子のレシピ本を買いました。今度はアップルパイを作りたいです。

❸ (2) この前の土曜日のことを話しているので過去形にします。**come** の過去形は **came** です。

(3) [1]「ケビンのいとこはこの前の土曜日にどこに泊まりましたか」という質問です。

[2]「ケビンはこの前の日曜日の午後に何をしましたか」という質問です。

(4) 日本語訳 を確認しましょう。

日本語訳

綾：宿題がたくさんあったので，私はこの前の土曜日に一日中それをしました。そして日曜日には，父を手伝いました。私は車を洗いました。それは大変な仕事でした。

ケビン：あなたはとてもいそがしかったのですね，綾。

綾：そうなんです。あなたはどうですか，ケビン。この前の週末に何をしましたか。

ケビン：土曜日にいとこがぼくの家に来て，ぼくたちはいっしょにテレビゲームをしました。彼はその日，ぼくの家に泊まりました。ぼくたちは次の日の午後，サイクリングに行きました。

綾：あなたはこの前の週末，楽しい時間を過ごしたのですね。

❹ 読まれた英文

Harumi: Patrick, what did you do last Sunday?

Patrick: I practiced the guitar.

読まれた英文の日本語訳

春美：パトリック，あなたはこの前の日曜日に何をしましたか。

パトリック：ぼくはギターを練習しました。

3 週末の天気 本冊 p.8

❶ (1) …するつもり，…するだろう
(2) 天気予報 (3) 風の強い
(4) あらしの (5) 風 (6) あらし
(7) 台風 (8) インターネット
(9) 地面 (10) …によれば

❷ (1) **How** (2) ウ (3) イ

❸ (1) **going**
(2) **How will the weather be**
(3) (金曜日に雨が降るので，)地面がぬかるんでいるかもしれないから。
(4) ア × イ ○ ウ ○

❹ (1) イ，エ (2) ウ，ア

解き方

❷ (1) 「どのように[で]」と状態や様子をたずねるときは **how** を使います。

(3) 日本語訳 を確認しましょう。

日本語訳

マックス：今週末の天気はどうでしょうか。

一郎：天気予報によれば，今週の土曜日は雨です。そして今週の日曜日は晴れです。でも風が強いので，寒いかもしれません。

マックス：なるほど。今週末は家にいようと思います。

❸ (1) 前置詞のあとに動詞が続く場合，動詞は **ing** 形(動名詞)にします。

(2) 疑問詞 How で文を始め，will の疑問文の語順〈will ＋主語＋動詞の原形 ...?〉を続けます。

(3)(4) 日本語訳 を確認しましょう。

日本語訳

紗枝：ドナ，今度の週末にハイキングに行くのはどうですか。

ドナ：いいですね。天気はどうでしょうか。

紗枝：インターネットで天気予報を確認しましょう。えーっと……。今度の土曜日は一日中晴れですが，金曜日は雨が降りますね。

ドナ：それなら，土曜日は地面がぬかるんでいるかもしれません。それはハイキングにはよくありません。日曜日はどうですか。

紗枝：午前中はくもりで，のちに晴れます。なので，今度の日曜日の午後にハイキングに行きましょう。

ドナ：わかりました。楽しみです！

❹ 読まれた英文

Good morning, everyone. Here is the weather forecast for this weekend. This Saturday, it will be very cold. It will be rainy and sometimes snowy. This Sunday, it will be cloudy in the morning and sunny in the afternoon.

読まれた英文の日本語訳

おはようございます，みなさん。今週末のお天気です。今週の土曜日はとても寒くなります。雨，ときどき雪となるでしょう。今週の日曜日は，午前中はくもり，午後には晴れとなるでしょう。

4 週末の予定 本冊 p.10

❶ (1) 何も…ない　(2) 特別な
(3) たずねる　(4) 答える
(5) 始まる，始める　(6) 雑誌
(7) 発表会，独奏会　(8) スタジオ
(9) 公演，演技
(10) 間に合って，遅れずに

❷ (1) **going**
(2) あなたは何か今度の週末の予定がありますか。
(3) ウ

❸ (1) (駅前の)ダンススタジオ
(2) 私は3時ごろ，演じる[発表する]予定です。
(3) **[1] practice soccer**
[2] two，afternoon
(4) ア ×　イ ×

❹ ア

解き方

❷ (1) **I'm going to ....** で「私は…するつもり[予定]です」という意味になります。
(2) **any** は，疑問文では「何か」という意味，否定文では「何も(…ない)」という意味です。
(3) 日本語訳 を確認しましょう。

日本語訳

仁：ぼくは今度の土曜日，父とスタジアムで野球の試合を見るつもりです。あなたは何か今度の週末の予定がありますか。

エマ：特に何もありません。この前雑誌を何冊か買ったので，それらを読もうと思います。部屋の掃除もしたいです。

❸ (2) I'm going to .... は「私は…するつもり[予定]です」という意味です。perform は，ここではダンスをすることを意味しています。
(3) [1] 「隼人は今度の日曜日の午前中，何をするつもりですか」という質問です。
[2] 「ダンスの発表会は何時に始まりますか」という質問です。
(4) 日本語訳 を確認しましょう。

日本語訳

ロン：ねえ，隼人。何か今度の日曜日の予定はありますか。

隼人：ぼくは午前中にサッカーの練習がありますが，そのあとはひまです。なぜそんなことを聞くのですか。

ロン：ぼくは駅前のダンススタジオでダンスの発表会があるんです。来たいですか。午後2時に始まります。

隼人：うーん，ぼくは遅れずにそこに着けないかもしれません。

ロン：ぼくは3時ごろに発表する予定ですよ。

隼人：おお，それならぼくはあなたの発表を見ることができます。わかりました，ダンスの発表会に行きます！

❹ **読まれた英文**

Wakana: Next weekend I'm going to watch a movie at home with my parents. It's about cute baby animals.

Alan: That sounds fun. I like animals, too. I'm going to go to the zoo with my family next Sunday.

読まれた英文の日本語訳

若菜：今度の週末，私は両親と家で映画を見るつもりです。それはかわいい動物の赤ちゃんの映画なんです。

アラン：楽しそうですね。ぼくも動物が好きです。今度の日曜日に家族で動物園に行く予定です。

5 ペットの世話をする 本冊 p.12

❶ (1) ペット　(2) 散歩させる
(3) つかまえる，受け止める
(4) 過ごす　(5) 鳥かご，おり
(6) 平日　(7) 確信して

(8) 退屈した　(9) 全体の
(10) 散歩をする

❷ (1) あなたは散歩をしているところですか。
(2) イ　(3) ウ

❸ (1) 平日は，イヌを家の近くで散歩させることしかできないから。
(2) **catching, flying disc**
(3) **I enjoy taking care of her**
(4) ア ×　イ ×　ウ ○

❹ (1) (家の近くの)レストラン
(2) (イヌ用の)ケーキ

解き方

❷ (1) take a walk で「散歩をする」という意味です。
(2) あとに複数形の名詞が続いているので，their「彼らの」を入れます。
(3) 日本語訳 を確認しましょう。

日本語訳

健：こんにちは，リサ。散歩をしているのですか。
リサ：図書館に行くところです。かわいいイヌですね！何という名前ですか。
健：モモとタロウです。ぼくは週末に彼らを散歩させます。
リサ：平日はだれが散歩させるんですか。
健：父か祖父がします。

❸ (1) he は愛のイヌを指し，下線部は「彼はきっと退屈していると思います」という意味です。
(2) 前置詞 at のあとに動詞が続く場合は動名詞にします。
(3) **enjoy ...ing** で「…することを楽しむ，…して楽しむ」，take care of ... で「…の世話をする」という意味になります。
(4) 日本語訳 を確認しましょう。

日本語訳

愛：私は今度の週末に，イヌをドッグランに連れていこうと思っています。平日は，私たちはただ彼を家の近くで散歩させるだけです。彼はきっと退屈していると思います。
ベス：ドッグランでは何をするのですか。
愛：私たちはよくフライングディスクで遊びます。私がそれを投げ，彼がキャッチします。彼はそれがとても得意なのです。あなたは何かペットを飼っていますか。
ベス：はい，インコを飼っています。私は毎日かごを軽く掃除して，週末にはかご全体を洗います。少し大変な作業ですが，私は彼女の世話を楽しんでいます。

❹ **読まれた英文**

Mary: Mamoru, how do you spend weekends with your dog?
Mamoru: I like going to the restaurant near my house with him.
Mary: Oh, you can take your dog to the restaurant.
Mamoru: Yes. My dog always enjoys a cake for dogs there.

読まれた英文の日本語訳

メアリー：守，あなたはどのように週末をあなたのイヌと過ごしますか。
守：ぼくは彼と家の近くのレストランに行くのが好きです。
メアリー：まあ，そのレストランにイヌを連れていくことができるのですね。
守：はい。ぼくのイヌはそこでいつもイヌ用のケーキを楽しみます。

6 料理をする

本冊 p.14

❶ (1) スパゲッティ　(2) オムライス
(3) ハンバーグ　(4) 切る
(5) きざむ　(6) あげる，いためる
(7) 形作る，形　(8) 丸い
(9) パン　(10) なべ，フライパン

❷ (1) 私は昼食に，家族にスパゲッティを作りました。
(2) **make lunch**　(3) ア

❸ (1) 付け合わせ用にトマトを切ってくれますか。
(2) タマネギ，卵，混ぜる，だ円
(3) ア ×　イ ○　ウ ○

❹ **chocolate cake, weekends**

解き方

❷ (1) 〈**make** ＋人＋もの〉の語順で「(人)に(もの)を作る」という意味です。

(2) 直前で「あなたは週末にいつも昼食を作りますか」とたずねられています。

(3) 日本語訳 を確認しましょう。

日本語訳

奏太：この前の日曜日，ぼくは昼食に，家族にスパゲッティを作りました。

ジャック：あなたは週末にいつも昼食を作りますか。

奏太：部活動がないときは作ります。ぼくは料理が好きです。

ジャック：すごいですね。ぼくはふつう料理をしません。何を作るのが得意ですか。

奏太：オムライスです！

❸ (1) **Can you ...?** は「…してくれますか」と相手に依頼する表現です。

(2) 手順１は３～５行目，手順２は６～７行目，手順３は７行目と９行目に書かれています。

(3) 日本語訳 を確認しましょう。

日本語訳

洋子：では，夕食を作りましょう。

ウィラ：何を作るべきですか。私は料理があまり得意ではありません。

洋子：ハンバーグを作りましょう。難しくありませんよ。まず，私はタマネギをきざむので，付け合わせ用にトマトを切ってくれますか。

ウィラ：わかりました……。できた！　そうしたら，タマネギをフライパンでいためるんですよね。

洋子：そうです。いためたら，ボウルに肉，タマネギ，パン粉，卵を入れて混ぜます。そうしたら，それをだ円形に成形してください。

ウィラ：うーん……。きれいな形を作るのは難しいですね。これでどうですか。

洋子：いいですね！　フライパンでそれを焼きましょう。

❹ 読まれた英文

Hinano: Eric, what do you like doing on weekends?

Eric: I like making sweets.

Hinano: Oh, really? What sweets can you make?

Eric: I often make chocolate cake. Please come to my house and try some!

読まれた英文の日本語訳

陽菜乃：エリック，あなたは週末に何をするのが好きですか。

エリック：ぼくはお菓子作りが好きです。

陽菜乃：おお，本当ですか。どんなお菓子を作ることができるのですか。

エリック：ぼくはよくチョコレートケーキを作ります。ぼくの家に来て，食べてみてください！

7 部屋を掃除する

本冊 p.16

❶ (1) …を片づける　(2) ふく
(3) 居間，リビング　(4) トイレ
(5) 浴室　(6) 台所，キッチン
(7) 廊下　(8) 床
(9) 散らかった　(10) きちんとした

❷ (1) 部屋を掃除すること
(2) ウ　(3) イ

❸ (1) 廊下の床をふく
(2) **Don't leave your clothes**
(3) **away**　(4) イ

❹ (1) ノートを片づける　(2) 皿を洗う

解き方

❷ (1) 直前の文に着目します。

(2) 直後の恵美の発言に着目します。

(3) 日本語訳 を確認しましょう。

日本語訳

恵美：私は今週末に部屋を掃除するつもりです。大変な作業になるでしょう。

アンディ：あなたの部屋はそんなに散らかっているのですか。

恵美：ええと，そうなんです。私はものを使ったあとに片づけるのが苦手なんです。

アンディ：ぼくもです。よく本を床に置きっぱなしにしてしまいます。今日，部屋を掃除しようと思います。

❸ (1) 直前の武田さんとルークのやりとりに着目します。

(2) **Don't** で始まる否定の命令文にします。

(4) 日本語訳 を確認しましょう。

日本語訳

武田さん：ルーク，私は今日，家の掃除をするつもりです。手伝ってくれますか。

ルーク：もちろんです。何から始めたらよいですか。

武田さん：私がトイレを掃除している間に，リビングに掃除機をかけてください。

ルーク：わかりました。

武田さん：そのあと，廊下の床をふいてください。私は窓をふきます。

ルーク：ぼくたちは役割を交換すべきだと思います。あなたは高いところに手が届かないでしょう。

武田さん：あなたの言う通りですね。それでは，私が床をやります。それからあなたは自分の部屋も掃除すべきですね。服を床に置きっぱなしにしないでください。

ルーク：わかりました，クローゼットに片づけます。

❹ 読まれた英文

Mr. Kato: Olivia, please come here. I want to wipe the table, so please put away your notebooks.

Olivia: I'm sorry, I'll put them away now. ... OK. Mr. Kato, I finished cleaning my room, so I'll wash the dishes in the kitchen.

Mr. Kato: Oh, thank you.

読まれた英文の日本語訳

加藤さん：オリビア，ここに来てください。私はテーブルをふきたいので，あなたのノートを片づけてください。

オリビア：すみません，今，片づけますね。……よし。加藤さん，私は自分の部屋の掃除が終わったので，台所で皿を洗おうと思います。

加藤さん：ああ，ありがとうございます。

8 遊園地に行く

本冊 p.18

❶ (1) アトラクション
(2) ジェットコースター
(3) 乗る，乗り物　(4) 観覧車
(5) パレード　(6) 入場(料)
(7) チケット，切符　(8) 大人
(9) あきらめる　(10) すぐに

❷ (1) **There**　(2) ア　(3) ウ

❸ (1) **that**　(2) **the parade**
(3) **Which attraction has a short waiting time**
(4) **[1] roller coaster**
[2] buy, after

❹ 3800

解き方

❷ (1) **〈There is[are]＋名詞(＋場所を表す語句).〉で「(～に)…があります」**という意味です。

(2) 空所のあとの内容が，前の内容の理由になっているので，**because「…だから」**を使います。

(3) 日本語訳 を確認しましょう。

日本語訳

マイク：ぼくはジェットコースターが大好きです。

拓：となり町に遊園地があります。そこはジェットコースターで有名ですよ。

マイク：本当ですか。そこに行きたいです。ぼくといっしょに行ってくれますか。

拓：ぼくは絶叫マシンが好きではないので，ほかのだれかと行くべきですよ。

❸ (1) 前に says があり，あとに〈主語＋動詞 ...〉と続いているので，接続詞の **that「…ということ」**が入ります。

(3) Which attraction「どのアトラクション」で始まる疑問文にします。**疑問詞が主語の疑問文は，肯定文と同じ語順**になります。

(4) [1] 「たくさんの人が待っているので，彼女たちはジェットコースターに乗らないでしょう」

[2] 「観覧車に乗ったあと，彼女たちは飲み物を買うでしょう」

日本語訳

和葉：次はどのアトラクションに乗りたいですか。

ノラ：ジェットコースターはどうですか。ここから近いですよ。

和葉：わかりました，行きましょう。あっ，見てください！ ジェットコースターに長い列ができています。

ノラ：待ち時間は1時間だと看板に書いてありますね！どうしましょうか。

和葉：パレードは1時間後に始まります。私はそれを楽しみにしているんです。

ノラ：それなら，ジェットコースターをあきらめるべきですね。どのアトラクションが待ち時間が短いですか。

和葉：観覧車ならすぐに乗ることができますよ。

ノラ：わかりました，それに乗りましょう。そのあと，ジュースを買ってパレードを見ましょう。

❹ 読まれた英文

Staff: May I help you?

Mr. Brown: I want to buy some tickets for my family.

Staff: Admission is 1,500 yen for an adult and 800 yen for a child. How many people are in your group?

Mr. Brown: We have two adults and one child.

読まれた英文の日本語訳

スタッフ：いらっしゃいませ。

ブラウンさん：家族のチケットを買いたいのですが。

スタッフ：入場料は大人1人1,500円，子ども1人800円です。何名様ですか。

ブラウンさん：大人2人と子ども1人です。

9 動物園に行く

本冊 p.20

❶ (1) ライオン (2) ゾウ
(3) キリン (4) シマウマ
(5) えさをやる (6) ゴリラ
(7) 最近 (8) いろいろな
(9) めずらしい (10) 首

❷ (1) そこにはいろいろなめずらしい動物がいます。
(2) **horses** (3) ア

❸ (1) 私は，最近ライオンの赤ちゃんが生まれたということを聞きました。
(2) **a baby lion** (3) **giraffe**
(4) ア × イ ○ ウ ×

❹ (1) ヒツジ (2) ゾウにえさをやる

解き方

❷ (1) 〈There is[are]＋名詞(＋場所を表す語句).〉で「(～に)…がいます」という意味です。

(2) them は複数を表す語を指す代名詞です。

(3) 日本語訳 を確認しましょう。

日本語訳

順子：私といっしょに動物園に行きませんか。最近オープンしたんです。

ケビン：いいですね。その動物園は何か特別なところはあるのですか。

順子：馬に乗ったり，鳥のショーを見たりすることができます。そしてそこにはいろいろなめずらしい動物がいます。

ケビン：なるほど。ぼくは馬が好きなので，馬に乗ることに興味があります。

❸ (1) **heard** は **hear**「聞く」の過去形です。

(2) 直前の大樹の発言に着目します。

(3) 直前で大樹が日本語で「キリン」と言い，英語での言い方をたずねています。

(4) 日本語訳 を確認しましょう。

日本語訳

マックス：向こうにたくさんの人がいますね。彼らは何を見ているのでしょうか。

大樹：地図によれば，あれはライオンのかこいですね。最近ライオンの赤ちゃんが生まれたと聞きました。彼らはそれを見ているのだと思います。

マックス：なるほど。ぼくたちも見に行きましょうか。

大樹：そうしたいですが，「キリン」のえさやりイベントがもうすぐ始まります。えっと，英語で何と言うんでしたっけ。首の長い動物で……。

マックス：ああ，giraffe のことですね。えさをやることができるのですか。ぼくはそれをしたいです！

大樹：ぼくもです。まずえさやりイベントに行って，あとでライオンの赤ちゃんを見ましょう。
マックス：でも，もうすぐ正午ですよ。えさやりイベントのあと，昼食を食べたいです。
大樹：わかりました，行きましょう。

❹ 読まれた英文

Koji: This zoo has various events.
Milla: Which event do you want to take part in, Koji?
Koji: I want to take part in the sheep petting event. How about you, Milla?
Milla: I want to feed the elephants. It starts at three.

読まれた英文の日本語訳

浩二：この動物園にはいろいろなイベントがあります。
ミラ：あなたはどのイベントに参加したいですか，浩二。
浩二：ぼくはヒツジのふれあいイベントに参加したいです。あなたはどうですか，ミラ。
ミラ：私はゾウにえさをやりたいです。それは３時に始まります。

10 水族館に行く

本冊 p.22

❶ (1) イルカ　(2) ペンギン
(3) クラゲ　(4) ヒトデ
(5) 生き物　(6) 種
(7) リラックスした　(8) …に参加する
(9) …することができる　(10) …を怖がる

❷ (1) **took**
(2) **a very big water tank**　(3) イ

❸ (1) **the dolphins'**
(2) 私たちはヒトデのイベントにも参加しました。
(3) **[1] 500 species**
[2] hard, rough
(4) ア ○　イ ×

❹ **feed, penguins**

解き方

❷ (2) 直前の谷先生の発言に着目します。
(3) 日本語訳 を確認しましょう。

日本語訳

クロエ：ホストファミリーが私を学校の近くの水族館に連れていってくれました。
谷先生：そこにはとても大きな水槽がありますよね。それはどうでしたか。
クロエ：カラフルな魚がその中を泳いでいて，とても美しかったです。
谷先生：あなたは何の水の生き物が好きですか。
クロエ：クラゲが私のお気に入りです。クラゲを見るとリラックスします。

❸ (1) 複数形 dolphins の所有格は dolphins' という形です。
(3) [1] 「その水族館には何種の水の生き物がいますか」という質問です。
[2] 「ヒトデを触ったとき，翔はどう思いましたか」という質問です。
(4) 日本語訳 を確認しましょう。

日本語訳

この前の日曜日に，ぼくは家族と水族館に行きました。その水族館には約 500 種の魚や水の生き物がいます。

ぼくたちはイルカショーを見ました。イルカたちはとてもかわいくて，賢かったです。ぼくたちはプールの近くに座ったので，とてもよくイルカたちの演技を見ることができました。

ぼくたちはヒトデのイベントにも参加しました。そこではヒトデに触ることができました。ヒトデは固くてざらざらしていました。ぼくは妹に「きみもヒトデに触ってごらん」と言いましたが，彼女はヒトデを怖がっていたので，触りませんでした。

ぼくたちは十分な時間がなかったので，すべての水槽をじっくり見ることができませんでした。またそこを訪れたいです。

❹ 読まれた英文

Yui: I want to go to the aquarium. Would you like to go with me, Daniel?
Daniel: Sounds great! Do you know that the aquarium in our town has a lot of jellyfish?

I want to see them.

Yui: I didn't know that, but I'm not so interested in them. I want to feed the penguins there.

Daniel: Can we do that? I want to try, too.

読まれた英文の日本語訳

結衣：私は水族館に行きたいです。私といっしょに行きませんか，ダニエル。

ダニエル：いいですね！　ぼくたちの町の水族館にはたくさんのクラゲがいるということを知っていますか。ぼくはそれらが見たいです。

結衣：それは知りませんでしたが，それらにはあまり興味がありません。私はそこでペンギンにえさをやりたいです。

ダニエル：そんなことができるのですか。ぼくもしてみたいです。

11 美術館に行く

本冊 p.24

❶ (1) テーマ　(2) 風景
(3) まじめに，真剣に　(4) 平和
(5) 印象的な　(6) フラッシュ
(7) 傷つける　(8) 説明する
(9) 案内(する)　(10) 無料で

❷ (1) これは何の絵ですか。
(2) イ　(3) イ

❸ (1) カメラのフラッシュが絵を傷つける可能性があるから。
(2) イ
(3) 英語で美術を説明するのは私には難しすぎます。
(4) ア ○　イ ○　ウ ×

❹ (1) 風景　(2) 学校の生徒

解き方

❷ (2) sure「確信して」を入れると「確信が持てません，よくわかりません」という意味になり，文脈に合います。

(3) 日本語訳 を確認しましょう。

日本語訳

穂香：あなたはこの絵を真剣に見ていますね。

ジェーン：これは何の絵ですか。あなたはわかりますか。

穂香：よくわかりませんが，説明にはこれのテーマは平和であると書かれていますね。

ジェーン：抽象画は私には難しいですが，色合いがとても印象的なのでこの絵が好きです。

❸ (1) 次の隼人の発言に着目します。

(2) **without** は「…なしで」という意味です。

(3) explaining art in English「英語で美術を説明すること」という動名詞句が主語の文です。

(4) 日本語訳 を確認しましょう。

日本語訳

ジェフ：隼人，この看板には何と書いてありますか。

隼人：「ここでカメラのフラッシュを使うことはできません」と書いてあります。

ジェフ：なぜ使えないのですか。

隼人：カメラのフラッシュが絵を傷つける可能性があるので，使うべきではありません。でも，フラッシュなしでなら写真を撮ることができます。

ジェフ：なるほど。では，作品を見に行きましょう。あなたは美術部に所属しているので，ぼくに絵の説明をしてくれますよね。

隼人：絵を描くのは好きですが，英語で美術を説明するのはぼくには難しすぎます。英語の音声案内を無料で使うことができますよ。

❹ 読まれた英文

Nanako: Leo, what are you looking at?

Leo: Look at this beautiful landscape painting. I love it!

Nanako: Yeah, it's a wonderful painting. Oh, according to the explanation, the artist was a student from our school.

Leo: Really? That's surprising!

読まれた英文の日本語訳

奈々子：レオ，何を見ているのですか。

レオ：この美しい風景画を見てください。ぼくはそれが大好きです！

奈々子：ええ，すばらしい絵ですね。あっ，説明によれば，その芸術家は私たちの学校の生徒だったようですよ。

レオ：本当ですか。それは驚きですね！

12 おみやげを買う

本冊 p.26

❶ ⑴ 贈り物，みやげ　⑵ 私自身を[に]
⑶ はがき　⑷ タオル
⑸ ぬいぐるみの　⑹ マスコット
⑺ 帰宅する　⑻ …を探す
⑼ すすめる，推せんする　⑽ 何か
❷ ⑴ ア
⑵ 私は家族のための贈り物を探したいです。
⑶ ア
❸ ⑴ **looking for**　⑵ クッキー
⑶ それを見るとき，私は日本での時間を思い出すでしょう。
⑷ **[1] two boxes, friends**
[2] stuffed doll
❹ **souvenir shop**

解き方

❷ ⑵ **I'd like to ....** で「私は…したいです」という意味です。**I'd** は **I would** の短縮形です。
⑶ 日本語訳 を確認しましょう。

日本語訳

由香里：家に帰る前におみやげ屋さんに行きましょう。
キース：はい，そうしましょう。ぼくは自分のためにはがきを買いたいです。
由香里：私は家族のための贈り物を探したいです。何を買うべきでしょうか。
キース：この有名な絵画の小さなタオルはどうですか。
由香里：かわいいですね！　両親にそれらを買って，妹にはノートを買おうと思います。

❸ ⑴ look は ing 形にして現在進行形にします。
⑵ この **one** は，前に出た名詞の代わりに用いられる代名詞です。
⑷ [1]「マリアは自分の友だちにクッキーを2箱買うつもりです」
[2]「店員は，マリアに彼女自身へのおみやげとしてぬいぐるみをすすめました」

日本語訳

店員：いらっしゃいませ。
マリア：故郷の友だちに何かを探しています。
店員：もしお友だちが甘いものが好きなら，このクッキーがよい贈り物になるでしょう。おひとつ試食されますか。
マリア：ありがとうございます。わあ，おいしいですね！　2箱買います。私は自分用のおみやげも買いたいです。おすすめは何ですか。
店員：この遊園地のマスコットのぬいぐるみはどうですか。とても人気があります。
マリア：かわいいですね！　それもいただきます。それを見るとき，私は日本での時間を思い出すでしょう。

❹ 読まれた英文

Masahiro: Luna, shall we go home now?
Luna: I want to buy something for my friends. Is there a souvenir shop at this zoo?
Masahiro: Of course. It's near the entrance. Let's go!

読まれた英文の日本語訳

正弘：ルナ，もう帰りましょうか。
ルナ：私は友だちに何か買いたいです。この動物園におみやげ屋さんはありますか。
正弘：もちろん。入口の近くです。行きましょう！

13 登山をする

本冊 p.28

❶ ⑴ 頂上　⑵ すばらしい
⑶ 日の出　⑷ 日没
⑸ 眺め　⑹ (荷物を)詰める
⑺ リュックサック　⑻ 穏やかな
⑼ 急な，険しい　⑽ ゆるやかな
❷ ⑴ イ　⑵ (山の)頂上　⑶ ウ
❸ ⑴ **going mountain climbing [climbing the[a] mountain]**
⑵ **How will the weather be**
⑶ **jackets**
⑷ ア ○　イ ○　ウ ×
❹ ⑴ ア　⑵ イ

解き方

❷ (1) **不定詞の副詞的用法**で「初日の出を見るために」と**目的を表す**形にします。

(2) 直前の文に着目します。

(3) 日本語訳 を確認しましょう。

日本語訳

ぼくは今年の元日に，父と登山に行きました。ぼくたちは初日の出を見るためにとても早くに登り始めました。その日はとても寒かったです。しかし，頂上からの眺めはすばらしかったです。大変でしたが，来年の元日もまたそこから初日の出を見たいです。

❸ (1) 直前の若菜の発言に着目します。

(2) 疑問詞 How で文を始め，will の疑問文の語順〈will＋主語＋動詞の原形 ...?〉を続けます。

(4) 日本語訳 を確認しましょう。

日本語訳

若菜：明日は登山に行きますね。楽しみです。

カレン：私もです。リュックサックに荷物を詰めましょう。明日の天気はどうでしょうか。

若菜：天気予報は，晴れて穏やかになると言っています。

カレン：いいですね。では，私たちは上着は必要ありませんね。

若菜：持っていくべきです。山の頂上は寒いですから。それに山の天気は変わりやすいので，突然雨が降るかもしれません。

カレン：わかりました。上着をリュックサックに入れます。

❹ 読まれた英文

Alice: Taiyo, I'm planning to try mountain climbing for the first time. Is Mt. Omori a good mountain to climb?

Taiyo: Mt. Omori is only 450 meters high, but the trail is steep. It's not so good for beginners. I think Mt. Akiha is good for you.

Alice: How high is it?

Taiyo: It is 600 meters high, but the slope is gentle.

読まれた英文の日本語訳

アリス：太陽，私は初めて登山に挑戦してみようと思っています。大森山は登るのによい山ですか。

太陽：大森山は 450 m の高さしかありませんが，道が険しいです。初心者にはあまりよくありません。あなたには秋葉山がよいと思います。

アリス：それはどれくらいの高さですか。

太陽：600 m の高さですが，傾斜がゆるやかです。

14 ウィンタースポーツをする 本冊 p.30

❶ (1) ウィンタースポーツ
(2) スノーボードをする
(3) アイスホッケー (4) 転ぶ
(5) 上達する (6) スキー場
(7) 自分自身の (8) 装備，装置
(9) 経験，体験 (10) 助言

❷ (1) **No, I didn't.**
(2) あなたはきっと上達すると思います。
(3) ア

❸ (1) 今度の週末にスキーに行きませんか。
(2) **please give me some advice**
(3) **[1] He's[He is] from Canada.**
[2] Yes, he will.
(4) ア ○ イ ×

❹ ウ

解き方

❷ (1) 直後の文に着目します。

(2) **I'm sure (that) ....** で「私は…ということを確信しています，きっと…だと思います」という意味です。

(3) 日本語訳 を確認しましょう。

日本語訳

真紀：私は昨日，初めてスノーボードをしました。

ベラ：いいですね！ うまくできましたか。

真紀：いいえ，できませんでした。何度も転んでしまいました。難しかったです。

ベラ：きっと上達すると思いますよ。近いうちにまたする予定ですか。

真紀：はい，来週またスキー場に行く予定です。

❸ (1) **Why don't we ...?** で「(私たちは)…しませんか」という意味です。

(2) 〈**give** ＋人＋もの〉の語順にします。

(3) [1] 「ビルはどこの出身ですか」という質問です。

[2] 「啓介はいくつかのスキー用品を借りるつもりですか」という質問です。

(4) 日本語訳 を確認しましょう。

日本語訳

啓介：今度の週末にスキーに行きませんか。

ビル：いいですね！　ぼくは自分の国でよくスキーをしたので，スキーが得意ですよ。

啓介：カナダではウィンタースポーツがとても人気がありますからね。

ビル：その通りです。でもぼくは自分のスキー用品を日本に持ってきていません。

啓介：スキー場で借りることができますよ。ぼくは自分のスキーウェアを使いますが，ほかのスキー用品は借りるつもりです。

ビル：なるほど。ぼくは手袋は借りる必要はありません。

啓介：ぼくはスキーの経験があまりないので，助言してください。

ビル：はい，もちろんです。

❹ 読まれた英文

Ms. Wilson: Jun, do you like winter sports?

Jun: Yes. I love watching ice hockey.

Ms. Wilson: Can you play any winter sports?

Jun: I can skate well. How about you, Ms. Wilson?

Ms. Wilson: I'm good at skiing.

読まれた英文の日本語訳

ウィルソン先生：順，あなたはウィンタースポーツが好きですか。

順：はい。ぼくはアイスホッケーを見るのが好きです。

ウィルソン先生：何かウィンタースポーツをすることができますか。

順：ぼくはじょうずにスケートをすることができます。あなたはどうですか，ウィルソン先生。

ウィルソン先生：私はスキーが得意です。

15 マリンスポーツをする

本冊 p.32

❶ (1) マリンスポーツ　(2) サーフィン

(3) シュノーケリング

(4) スキューバダイビング

(5) フライボード　(6) 潜水する

(7) 深い，深く　(8) バランス

(9) 指導者，講師　(10) …を怖がる

❷ (1) 沖縄を訪れたとき，私はシュノーケリングをしました。

(2) **don't[won't]**　(3) イ

❸ (1) 板の上，水，飛ぶ

(2) 私はただバランスを保つ必要がありました。

(3) **[1] No, he isn't.[No, he's not. / No, he is not.]**

[2] He'll[He will] wear a life jacket.

❹ イ

解き方

❷ (1) **when ...** は「…するとき」という意味です。

(2) **don't have to ...** で「…する必要はない」という意味になります。

(3) 日本語訳 を確認しましょう。

日本語訳

リンダ：今年の夏に，私は両親と沖縄に行く予定です。

友里子：沖縄を訪れたとき，私はシュノーケリングをしました。それはとても楽しかったです。

リンダ：興味はありますが，私にできるでしょうか。私は泳ぐのがあまり得意ではありません。

友里子：浅い水の中でも，サンゴ礁や魚を見て楽しむことができますよ。

リンダ：深く潜る必要がないということですか。それならやってみようと思います。

❸ (1) アダムの２度目の発言でフライボードについて説明しています。

(2) need to ... で「…する必要がある」という意味です。

(3) [1]「アダムはフライボードを怖がっていますか」という質問です。

[2]「フライボードをするとき，光輝は何を着るでしょうか」という質問です。

日本語訳

アダム：ぼくはこの前の日曜日，フライボードをしました。
光輝：フライボードとは何ですか。
アダム：水の上で板の上に立ちます。その板には下側にホースがついていて，そのホースから水が噴射されます。その水圧によって，あなたは飛ぶことができます。それがフライボードです！
光輝：わくわくしますね！　あなたはそれを初めてやってみたのですか。
アダム：はい。そんなに難しくなかったですよ。ぼくはただバランスを保つ必要がありました。
光輝：少し興味はあるけど，けがをするのが怖いです。
アダム：心配しないで。ライフジャケットを着るし，インストラクターがあなたを手伝ってくれますよ。今度はいっしょに行きましょう。

❹ 読まれた英文

Ron: I sometimes go surfing with my brother.
Kasumi: I want to try some marine sports this summer. I went snorkeling when I was ten and it was a lot of fun.
Ron: Then how about trying scuba diving this time?
Kasumi: That's a great idea! I want to swim with sea turtles.

読まれた英文の日本語訳

ロン：ぼくはときどき兄とサーフィンをします。
かすみ：私は今年の夏に何かマリンスポーツをやってみたいです。10 歳のときにシュノーケリングをしたのですが，とても楽しかったです。
ロン：なら，今度はスキューバダイビングをしてみるのはどうですか。
かすみ：すばらしい考えですね！　私はウミガメといっしょに泳ぎたいです。

16 将来の夢を話す

本冊 p.34

❶ (1) 将来，未来　(2) 作家
(3) 農家，農場主　(4) 保育士
(5) デザイナー　(6) マンガ家
(7) 通訳者　(8) 弁護士
(9) 警察官　(10) 実現する

❷ (1) 私の夢は絵本作家になることです。
(2) **In**　(3) イ

❸ (1) あなた(たち)は将来何になりたいですか。
(2) **to**
(3) **I often take care of them**
(4) **[1] tomatoes**
[2] support[help]，nursery

❹ (1) エ　(2) ア

解き方

❷ (1) ここでの to be ... は不定詞の名詞的用法で，「…すること」という意味です。

(2) **in addition** で「その上，さらに」という意味になります。

(3) 日本語訳 を確認しましょう。

日本語訳

私の夢は絵本作家になることです。絵本は子どもたちにとって重要です。彼らは絵本から多くのことを学びます。さらに，絵本は親子のきずなのためにも重要です。私が子どものころ，母はよく私に絵本を読んでくれました。私はいつもその時間を楽しんでいました。私は自分の絵本で多くの家族を幸せにしたいです。

❸ (1) **in the future** は「将来」という意味です。

(2) **thanks to ...** で「…のおかげで」という意味になります。

(3) take care of ... で「…の世話をする」という意味になります。often は一般動詞の前に置きます。

(4) [1]「<u>トマト</u>を自分で育てたあと，翔子はトマトが好きになりました」

[2]「雅也は，<u>保育士</u>として，子どもたちを<u>支え</u>たいと思っています」

日本語訳

スミス先生：あなたたちは将来何になりたいですか。
翔子：私は農家になりたいです。小学生のとき，私は自分でトマトを育てました。そのとき私はトマトが好きではありませんでしたが，私のトマトはおいしかったのです。今ではトマトが好きです。私の野菜のおかげで，人々が野菜を好きになってくれたらうれしいでしょう。
雅也：ぼくは保育士になりたいです。ぼくには２人の妹がいて，よく彼女たちの世話をします。彼女たちはとてもかわいいですが，小さな子どもたちは多くの助けを必要とします。なので，ぼくは保育士になって，子どもたちをじょうずに支えたいです。
スミス先生：あなたたちはすばらしい夢を持っていますね。あなたたちの夢が実現することを願っています！

❹ 読まれた英文

Chihiro: Daniel, you are very good at drawing pictures.
Daniel: Thank you, Chihiro.
Chihiro: Do you want to be a cartoonist in the future?
Daniel: No. I like fashion, so I want to be a designer. You like English. Do you want to use English at work?
Chihiro: Yes. I wanted to be an English teacher before, but now I'm interested in becoming an interpreter.

読まれた英文の日本語訳

千尋：ダニエル，あなたは絵を描くのがとても得意ですね。
ダニエル：ありがとう，千尋。
千尋：あなたは将来マンガ家になりたいのですか。
ダニエル：いいえ。ぼくはファッションが好きなので，デザイナーになりたいです。あなたは英語が好きですよね。仕事で英語を使いたいですか。
千尋：はい。以前は英語教師になりたかったのですが，今は通訳者になることに興味があります。

17 家族の仕事について話す 本冊 p.36

❶ (1) 仕事　(2) パイロット
(3) 客室乗務員　(4) 運転手
(5) 技師，エンジニア　(6) 教授
(7) 老人ホーム　(8) 職場
(9) 笑顔　(10) 大学
❷ (1) 私の母は客室乗務員として働いています。
(2) **your parents**　(3) ア
❸ (1) ア　(2) **driver**
(3) 彼女は笑顔で入居者たちと話していました
(4) ア ×　イ ○　ウ ○
❹ (1) 料理人[コック]　(2) 大学

解き方

❷ (1) as は「…として」という意味です。
(2) they はエリックの父と母を指しています。舞香がエリックに向かって話しているので，your parents「あなたの両親」とします。
(3) 日本語訳 を確認しましょう。

日本語訳

舞香：あなたのお父さんの仕事は何ですか。
エリック：ぼくの父はパイロットです。そして母は客室乗務員として働いています。
舞香：では，彼らは職場で初めて会ったのですか。
エリック：いいえ。彼らは高校生のときに会いました。彼らは毎日いそがしいですが，ぼくは将来父のようなパイロットになりたいです。

❸ (1) 〈形容詞＋**to *do***〉で「～して…」という意味になります。
(3) 過去進行形「…していた」の文です。
(4) 日本語訳 を確認しましょう。

日本語訳

ジョーンズ先生：あなたたちのご両親の仕事について話してください。
陸：ぼくの父の仕事はタクシーを運転することです。彼はいつも，人々を安全に目的地に送り届けることができて幸せだと言っています。この町をよく知っているので，彼はすごいと思います。
ジョーンズ先生：なるほど。あなたのお父さんはタクシー運転手なのですね。すばらしい仕事です。あなたのご両親はどうですか，真理奈。
真理奈：私の母は老人ホームで働いています。私は以前，彼女の職場を訪れました。彼女は笑顔で入居者たちと話していて，彼らも幸せそうでした。
ジョーンズ先生：介護は大変ですがとても重要な仕事ですね。２人とも，ありがとう。

❹ 読まれた英文

Meg: Akira, what's your father's job?
Akira: He is a cook. He works at the restaurant near the station.
Meg: I see. How about your mother?
Akira: She is a university professor. She teaches history.

読まれた英文の日本語訳

メグ：彰，あなたのお父さんの仕事は何ですか。
彰：彼は料理人です。駅の近くのレストランで働いています。
メグ：なるほど。お母さんはどうですか。
彰：彼女は大学教授です。歴史を教えています。

18 尊敬する仕事について話す 本冊 p.38

❶ (1) 尊敬する (2) 歯医者
(3) 患者 (4) 進歩する
(5) …に責任がある (6) …し続ける
(7) 元気になる
(8) …だけでなく～もまた
❷ (1) ウ (2) **studying** (3) ウ
❸ (1) **that working with small children is very hard**
(2) **but**
(3) 彼らはたくさんの生徒の将来に責任があります。
(4) ア ○ イ × ウ ○
❹ 外国語，通訳者

解き方

❷ (2) **keep ...ing** で「…し続ける」という意味になります。
(3) 日本語訳 を確認しましょう。

日本語訳

ノラ：私はあなたのお母さんを尊敬します。医者は患者の命に責任があります。とても大変な仕事です。
俊夫：そうですね。そして医療は絶えず進歩しています。医者は勉強し続けなければいけません。しかし，母は患者が元気になるととてもうれしいと言っています。

❸ (1) think のあとに接続詞 that を続けます。that のあとは動名詞句 working with small children を主語にした文にします。
(4) 日本語訳 を確認しましょう。

日本語訳

オリビア：あなたのお姉さんの仕事は何ですか。
友美：彼女は保育士として働いています。
オリビア：まあ，本当ですか。私は保育士をとても尊敬しています。小さい子どもたちを相手に仕事をするのはとても大変だと思います。彼らはかわいいですが，大人の話を聞かないことがよくありますから。
友美：私は保育士だけでなく，小学校，中学校，高校の教師も尊敬しています。彼らはたくさんの生徒の将来に責任があります。
オリビア：でも，生徒たちが立派な大人になったらきっとうれしいでしょうね。私は今，教師になることに興味があります。

❹ 読まれた英文

Harry: Reiko, who do you respect?
Reiko: I respect interpreters. They can understand foreign languages right away.
Harry: Yeah. I think they have to study a lot to become interpreters.

読まれた英文の日本語訳

ハリー：玲子，あなたはだれを尊敬していますか。
玲子：私は通訳者を尊敬しています。彼らはすぐに外国語を理解することができます。
ハリー：そうですね。通訳者になるにはたくさん勉強しなければならないと思います。

19 職業体験をする

本冊 p.40

❶ (1) 職業体験日 (2) 客
(3) 図書館員 (4) 記者
(5) イラストレーター (6) 編集者
(7) 起こる (8) たな
(9) 最初は (10) …について感謝する

❷ (1) **Where**
(2) 花屋で働くのは楽しそうです。
(3) イ

❸ (1) イ
(2) 私たちは図書館員のおかげで簡単に本を見つけることができます。
(3) **work to do**
(4) ア ○ イ ×

❹ **farm**, **vegetables**, **cook**

解き方

❷ (1) 直後でエミリーが「私は花屋に行きたいです」と場所を答えています。
(2) 動名詞句 Working at the florist が主語の文です。
(3) 日本語訳 を確認しましょう。

日本語訳

文香：あなたは来月の職業体験日にどこに行きたいですか。
エミリー：私は花屋に行きたいです。人々はよいことが起こったときによく花を買うので，花屋の客の多くは笑顔です。私は将来，花屋になって人々の笑顔が見たいのです。
文香：なるほど。花屋で働くのは楽しそうですね。私はあなたといっしょに行きたいです。

❸ (1) 文の後半が文の前半の理由になっているので，because を入れます。
(2) thanks to ... は「…のおかげで」という意味です。
(3) 不定詞の形容詞的用法で **work** を修飾する形にします。
(4) 日本語訳 を確認しましょう。

日本語訳

ぼくは図書館が好きで，週末によくそこに行くので，職業体験では図書館に行きました。

まず，ぼくは本をたなに戻しました。本のラベルに書かれた数字を確認して，同じ数字のたなに本を置きました。正しいたなを見つけるのはとても難しかったです。ぼくたちは図書館員のおかげで簡単に本を見つけることができるのだと，今はわかります。

ぼくはまた，小さい子どもたちに絵本を読みました。ぼくは最初は緊張しましたが，読むのを楽しみ，子どもたちはうれしそうにしていました。

図書館員にはするべき仕事がたくさんあることを学びました。ぼくは彼らの大変な仕事に感謝しています。

❹ **読まれた英文**

Ms. Davis: Kyoichi, where do you want to go for your work experience?
Kyoichi: I want to go to a farm.
Ms. Davis: Do you want to be a farmer?
Kyoichi: No. I want to be a cook in the future, so I want to learn about vegetables at the farm.

読まれた英文の日本語訳

デイビス先生：恭一，あなたは職業体験でどこに行きたいですか。
恭一：ぼくは農場に行きたいです。
デイビス先生：あなたは農家になりたいのですか。
恭一：いいえ。ぼくは将来料理人になりたいので，農場で野菜について学びたいのです。

20 リモートワークについて考える

本冊 p.42

❶ (1) リモートワーク (2) リモートで
(3) 会社 (4) 事務所，会社
(5) 長所 (6) 短所
(7) よく見られる (8) ストレスの多い
(9) …に集中する
(10) 導入する，紹介する

❷ (1) ア (2) **disadvantages**
(3) ウ

❸ (1) 最近，日本ではリモートワークが一般

的になりつつあります。

(2) ウ

(3) **[1] concentrate on**

[2] have breakfast, leave home

❹ (1) 混雑した電車(に乗ること)

(2) 質問

解き方

❷ (2) 「リモートワークには長所と…の両方があります」という内容なので，advantage(s)「長所」の反対の意味の語が入ります。

(3) 日本語訳 を確認しましょう。

日本語訳

栄治：最近，ぼくの父は週に２，３日リモートで働いています。

サラ：私の母も毎日家で働いています。彼女は趣味により多くの時間をかけることができると言っています。

栄治：ぼくの父は家では仕事に集中できないと言っています。

サラ：リモートワークには長所と短所の両方がありますね。

❸ (1) 現在進行形は，「…している」という意味以外に**「…しつつある」**という意味も表します。

(2) 前文の stressful「ストレスの多い」と反対の意味になる relaxed「リラックスした」を入れると文脈に合います。

(3) [1] 「樹生は，家では仕事に集中できないと考えているので，会社で働きたいと思っています」

[2] 「知佳の父は，とても早く家を出なければいけなかったので，以前は家族と朝食を食べられませんでした」

日本語訳

樹生：最近，日本ではリモートワークが一般的になりつつあります。

知佳：将来，あなたたちは家で働きたいですか，それとも会社で働きたいですか。

ソフィア：私は家で働きたいです。会社で働くことは私にとってストレスになると思います。家では，私はリラックスした状態で働くことができます。

樹生：家で働くことはぼくにはよくないと思います。今でさえ，ぼくは自分の部屋では勉強に集中できませんから！　あなたはどうですか，知佳。

知佳：私の父の会社は最近リモートワークを導入しました。会社が家から遠いので，彼は以前はとても早く家を出なければいけませんでした。今は，私たちと朝食を食べます。私は家で働いて，家族とより多くの時間を過ごしたいです。

❹ 読まれた英文

Risa: My father started remote work recently.

Thomas: Do you want to work remotely in the future, Risa?

Risa: Yes. I don't want to take a crowded train. How about you, Thomas?

Thomas: I think working in an office is good because we can ask other people questions.

読まれた英文の日本語訳

理沙：私の父は最近リモートワークを始めました。

トーマス：あなたは将来リモートで働きたいですか，理沙。

理沙：はい。私は混雑した電車に乗りたくありません。あなたはどうですか，トーマス。

トーマス：ほかの人に質問することができるので，ぼくは会社で働くのがよいと思います。

21 まとめのテスト❶

本冊 p.44

❶ (1) 大人 (2) たな

(3) 生き物 (4) たずねる

(5) 平日 (6) **designer**

(7) **respect** (8) **university**

(9) **experience** (10) **feed**

❷ (1) ① オ ③ ウ

(2) **Mr. Lee's son**

(3) **what's** (4) ア

❸ (1) **I have something to give you**

(2) **When did you go**

(3) (京都の)おみやげ

(4) **[1] She gave a pen (to Julia).**

[2] Yes, it was.

❹ 警察官，人々を手助けする，弁護士

解き方

❷ (1) ① 日付などの特定の日を表すときは **on** を使います。

③ 「…と話す」は talk with ... で表します。

(2) 「リーさんには息子がいて，彼はぼくと同い年です」なので，he はリーさんの息子を指していると判断できます。

(3) 直後でフレッドが「彼はプログラマーです」と職業を答えているので，「あなたのお父さんの仕事は何ですか」とたずねます。

(4) 日本語訳 を確認しましょう。

日本語訳

誠：おはよう，フレッド。週末はどうでしたか。

フレッド：ぼくは土曜日に家でパーティーをしました。父の同僚のリーさんとその家族が来て，いっしょに夕食を食べました。

誠：なるほど。楽しい時間を過ごせましたか。

フレッド：はい。リーさんには息子がいて，彼はぼくと同い年です。ぼくは彼とお気に入りのテレビゲームについて話して楽しみました。

誠：それはよかったですね。ところで，あなたのお父さんの仕事は何ですか。

フレッド：彼はプログラマーです。

❸ (1) 不定詞の形容詞的用法で **something** を修飾する形にします。

(2) 直後で美波が「私はこの前の日曜日にそこに行きました」と答えているので，「あなたはいつそこに行きましたか」という文にします。

(3) 直前のジュリアの発言に着目します。

(4) [1] 「美波はジュリアにおみやげとして何をあげましたか」という質問です。

[2] 「この前の日曜日，遊園地は混雑していましたか」という質問です。

日本語訳

美波：私はあなたに渡したいものがあります。はい，どうぞ。

ジュリア：まあ，ありがとう，でもなぜですか。

美波：私は遊園地でこのペンをあなたへのおみやげとして買ったんです。

ジュリア：これは遊園地のマスコットが描いてありますね。かわいいです！　あなたはいつそこに行ったのですか。

美波：この前の日曜日です。とてもたくさんの人がいました！

ジュリア：私は来週，家族と京都に旅行に行く予定です。なので，そこであなたにおみやげを買いますね。

美波：ありがとう。楽しみにしています。

❹ 読まれた英文

Ms. Green: Who do you respect, Fuyuki?

Fuyuki: I respect my grandfather. He was a police officer.

Ms. Green: Then do you want to be a police officer in the future?

Fuyuki: Well, no. But I want to help people like him, so I want to be a lawyer.

読まれた英文の日本語訳

グリーン先生：あなたはだれを尊敬していますか，冬樹。

冬樹：ぼくは祖父を尊敬しています。彼は警察官でした。

グリーン先生：では，あなたは将来警察官になりたいのですか。

冬樹：えっと，いいえ。でも彼のように人々を手助けしたいので，弁護士になりたいです。

22 デパートで

本冊 p.46

❶ (1) コーナー，部門　(2) 売り場
(3) エスカレーター　(4) エレベーター
(5) 階段　(6) 出口　(7) トイレ
(8) 通路　(9) レジ係
(10) …のとなりに

❷ (1) **Where**
(2) エレベーターのとなり　(3) ア

❸ (1) くつ売り場はどこで見つけられますか[どこですか]。
(2) **third floor**
(3) **No, it doesn't[does not].**
(4) ア ×　イ ○　ウ ×

❹ **Where is, on, second**

解き方

❷ (2) 最終行の **be 動詞 are** は，ここでは「(…に)ある」という意味になります。

(3) 日本語訳 を確認しましょう。

日本語訳

圭太：すみません。スポーツ用品コーナーはどこですか。
店員：４階にあります。エレベーターはあちらです。
圭太：ありがとうございます，でもぼくは階段を使いたいんです。
店員：かしこまりました。階段はエレベーターのとなりにあります。

❸ (2) 順番を表す序数のあとに，「階」という意味の floor を続けます。

(3) 「右側のエレベーターは各階に止まりますか」という質問です。

(4) 日本語訳 を確認しましょう。

日本語訳

桃花：すみません。くつ売り場はどこですか。
店員：３階にございます。エレベーターをお使いください，そうすればそれは左手にございます。売り場は本日とてもこんでおります。
桃花：向こうのエレベーターについて話しているのですか。
店員：はい，でも気をつけてください。右側のは各階に止まるわけではありません。最上階へ直通します。左側のをお使いください。
桃花：わかりました！　ありがとうございます。

❹ 読まれた英文の日本語訳

修：衣料品コーナーはどこにありますか。
店員：２階にあります。

23 図書館で本を借りる

本冊 p.48

❶ (1) 延長する　(2) 延長
(3) 予約する　(4) 返却期限を過ぎた
(5) 返却期限　(6) 貸す
(7) 貸し出し中　(8) 図書館カード
(9) …まで　(10) １回

❷ (1) **borrow**　(2) ２週間　(3) ウ

❸ (1) **I would like to borrow**
(2) 返却期限が過ぎた本
(3) **She'll[She will] return it today.**
(4) ア ○　イ ○　ウ ×

❹ **three，return，October**

解き方

❷ (2) ２番目の注意事項に着目します。

(3) 日本語訳 を確認しましょう。

日本語訳

1．本の冊数：１回に５冊の本まで借りることができます。
2．貸出期間：２週間本を借りることができます。
3．返却：図書館の開館時間内に返却カウンターで本を返却することができます。
4．延長：１回だけ，２週間の貸出期間の延長ができます。

❸ (1) would like to ... で「…したい」という意味を表します。

(2) 直前の図書館員の発言に着目します。

(3) 「萌絵はいつその本を返却するでしょうか」という質問です。

(4) 日本語訳 を確認しましょう。

日本語訳

萌絵：すみません。これら２冊の本を借りたいのですが。
図書館員：かしこまりました。図書館カードはお持ちですか。
萌絵：はい。どうぞ。
図書館員：ああ，先月からの返却期限が過ぎた本をお持ちのようです。
萌絵：ああ，それを返すのを忘れていました。ごめんなさい。
図書館員：大丈夫です。それをいつ返却することができますか。
萌絵：今日できます。このあとすぐに返します。
図書館員：返却期限が過ぎた本を返却したとき，新しいのを借りることができます。

❹ 読まれた英文

Kaito: Excuse me. I would like to borrow

these three books.

Librarian: Of course. Do you have your library card?

Kaito: Yes, here it is.

Librarian: Thank you. You can keep these books for two weeks. Please return them by October 20.

読まれた英文の日本語訳

海斗：すみません。これら3冊の本を借りたいのですが。

図書館員：かしこまりました。図書館カードをお持ちですか。

海斗：はい，どうぞ。

図書館員：ありがとうございます。これらの本は2週間借りることができます。10月20日までに返却してください。

24 図書館で本を探す

本冊 p.50

❶ (1) ジャンル，種類　(2) タイトル
(3) 著者　(4) 表紙　(5) ミステリー
(6) ロマンス　(7) ファンタジー
(8) 版　(9) 本だな
(10) フィクション，小説

❷ (1) 私は本を探しています。
(2) ウ　(3) ウ

❸ (1) 貸し出し中
(2) 私に(その)本のタイトルを教えてくれますか。
(3) **He saw it yesterday.**
(4) ア ○　イ ○　ウ ×

❹ (1) 青　(2) タイトル

解き方

❷ (1) look for ... で「…を探す」という意味です。

(2) next to ... で「…のとなりに」という意味を表します。

(3) 日本語訳 を確認しましょう。

日本語訳

咲：私は本を探しています。それは恐竜についてです。手伝っていただけますか。

図書館員：もちろんです。恐竜の本は2階の科学コーナーにあります。数学コーナーのとなりにあります。

咲：わかりました。どうもありがとうございます。

❸ (1) 図書館員の3度目の発言に着目します。on loan は「貸し出し中」という意味です。

(2) **Can you ...?** は「…してくれますか」と相手に依頼する表現です。また，〈**tell** ＋人＋もの〉で「(人)に(もの)を教える」という意味を表します。

(3) 「蓮はいつ『影の中の秘密』という本を見ましたか」という質問です。

(4) 日本語訳 を確認しましょう。

日本語訳

蓮：すみません。本を探しているのですが，たなに見つけることができないんです。

図書館員：わかりました。どちらのたなを見たのですか。

蓮：ミステリーコーナーのものです。ぼくは昨日，その本をそこで見たんです。

図書館員：わかりました。私に本のタイトルを教えてくださいますか。

蓮：ええ。『影の中の秘密』です。

図書館員：ああ，それは現在，貸し出し中です。でも『影の中の秘密』の日本語版がございます。それを代わりに借りたいですか。

蓮：はい，それがよいですね。ありがとうございます！

❹ 読まれた英文

Saya: Excuse me. I'm looking for a book about penguins. Can you help me?

Librarian: Sure. Do you know the title of the book?

Saya: No, but it has a blue cover.

Librarian: OK. Let's go to the animal section.

読まれた英文の日本語訳

沙也：すみません。ペンギンについての本を探しているのですが。手伝っていただけますか。

図書館員：もちろんです。本のタイトルはわかりますか。

沙也：いいえ，でもそれは青い表紙をしています。

図書館員：わかりました。動物コーナーに行きましょう。

25 郵便局で

本冊 p.52

❶ (1) 手紙　(2) 封筒　(3) 切手
(4) 小包　(5) 郵便ポスト，郵便受け
(6) 郵便料金　(7) 郵便番号
(8) 速達郵便　(9) 速達で
(10) (費用が)かかる

❷ (1) イ
(2) 私に(その)手紙を見せてくれますか。
(3) イ

❸ (1) **How much**
(2) はがきに切手をはること。
(3) **They live in Japan[Tokyo].**
(4) ア ○　イ ○　ウ ×

❹ 日本，2

解き方

❷ (1) 〈**send** ＋もの＋ **to** ＋人〉で「(人)に(もの)を送る」という意味を表します。
(2) Can you ...? は「…してくれますか」と依頼する表現です。また，〈**show** ＋人＋もの〉で「(人)に(もの)を見せる」という意味を表します。
(3) 日本語訳 を確認しましょう。

日本語訳

エマ：すみません。この手紙をアメリカ合衆国の友だちに送りたいんです。
局員：手紙を見せていただけますか。
エマ：もちろんです。どうぞ。それを普通郵便で送りたいんです。
局員：わかりました。140円で，(到着まで)約18日かかります。

❸ (1) how much は「いくら？」と値段をたずねる表現です。
(3) 「健の両親はどこに住んでいますか」という質問です。
(4) 日本語訳 を確認しましょう。

日本語訳

健：はがきを日本に住むぼくの両親に送りたいのですが。
局員：かしこまりました。そのはがきをお持ちですか。
健：はい，どうぞ。それを東京へ送りたいんです。
局員：かしこまりました。住所は大丈夫ですが，それに切手をはる必要がございます。
健：わかりました。東京までの切手はいくらですか。
局員：国際はがきですと1ドル50セントになります。切手をはったあと，はがきを郵便ポストに入れてください。約10日かかるでしょう。
健：わかりました。ありがとうございました。

❹ **読まれた英文**

Jack: Excuse me. I want to send this letter to my friend in Japan. How much is the postage?
Clerk: It's two dollars for a standard letter.
Jack: I see. Thank you.

読まれた英文の日本語訳

ジャック：すみません。この手紙を日本の友だちに送りたいんですが。郵便料金はいくらですか。
局員：定型の手紙は2ドルです。
ジャック：わかりました。ありがとうございます。

26 レストランに入店する

本冊 p.54

❶ (1) 予約　(2) 集団，グループ
(3) シェフ　(4) ウェイター
(5) 注文する，注文　(6) メニュー
(7) 座席　(8) カウンター
(9) 入口　(10) 好む

❷ (1) **to**　(2) **How many**　(3) ウ

❸ (1) **three**
(2) 景色を楽しみたいから。
(3) **Yes, he did.**
(4) ア ○　イ ○　ウ ×

❹ 2，いそがしい[こんでいる]，20

解き方

❷ (1) Welcome to .... で「…へようこそ」という意味を表します。

(2) 直後で「4人です」とレストランを訪れた人数を答えているので，**数をたずねる表現〈How many ＋複数名詞...?〉**が適しています。

(3) 日本語訳 を確認しましょう。

日本語訳

スタッフ：当レストランへようこそ。お客様は何名様ですか。

香奈：4人です。予約をしていないんです。席はありますか。

スタッフ：はい。お席のご希望はございますか。

香奈：ええと，窓際の席をお願いします。

❸ (1) 直人の2度目の発言で「私の2人のいとこと私です」と言っています。

(3)「直人はレストランの予約をしましたか」という質問です。

(4) 日本語訳 を確認しましょう。

日本語訳

スタッフ：こんばんは。ご予約はございますか。

直人：はい。鈴木という名前で予約しています。

スタッフ：はい，鈴木様。ご予約は3名様でございますよね。

直人：はい，その通りです。私の2人のいとこと私です。

スタッフ：入口近くのお席と窓際のお席のどちらがよろしいですか。

直人：景色を楽しみたいので窓際の席がいいです。ここではたくさんの鳥を見ることができると聞いています。

スタッフ：ええ，できますよ。こちらへどうぞ。

❹ 読まれた英文

Akira: Do you have a table for two?

Staff: I'm sorry, but we don't. There is a wait now.

Akira: How long will the wait be?

Staff: It's busy now, so it will take about 20 minutes.

Akira: OK. I'll wait.

読まれた英文の日本語訳

明：2名分の席はありますか。

スタッフ：申し訳ございませんが，ございません。現在待ち時間がございます。

明：待ち時間はどのくらいですか。

スタッフ：今はいそがしい[こんでいる]ので，およそ20分かかります。

明：わかりました。待ちます。

27 レストランの予約をする

本冊 p.56

❶ (1) 利用できる (2) 予約する
(3) キャンセルする (4) つづる
(5) 中の (6) 外の (7) 個室
(8) ドレス (9) 今夜
(10) アレルギーの

❷ (1) **like to** (2) (午後) 7時 (3) ウ

❸ (1) 利用できるテーブル[席]がない[なかった]
(2) 卵アレルギー
(3) **Two people will.**
(4) ア ○ イ × ウ ○

❹ 3，土，(午後) 7

解き方

❷ (1) would like to ... で「…したい」という意味を表します。

(2)(3) 日本語訳 を確認しましょう。

日本語訳

香奈：今夜の7時の予約をしたいのですが。

スタッフ：かしこまりました。お客様のご一行は何名様でしょうか。

香奈：ええと，3名です。ドリンクバーのメニューはありますか。

スタッフ：はい，ございます。

❸ (1) スタッフの1度目の発言に着目します。

(2) 直前の卓の発言に着目します。

(3)「土曜日に何人がレストランを訪れるでしょうか」という質問です。

(4) 日本語訳 を確認しましょう。

日本語訳

卓：日曜日に２名で予約したいのですが。
スタッフ：申し訳ございませんが，日曜日は空いている席はございません。別の日にご予約されたいですか。
卓：それなら，土曜日の午後６時に予約することはできますか。それと，窓のそばの席にすることはできますか。静かな席がいいんです。
スタッフ：はい，もちろんです。ほかに何か特別なリクエストはございますか。
卓：はい。私は卵アレルギーなんです。
スタッフ：なるほど。その情報をありがとうございます。それにつきまして考慮いたします。

❹ 読まれた英文

Emma: Hello. I'd like to make a reservation for three, please.
Staff: Sure. What day and time are you thinking?
Emma: Next Saturday at seven p.m.
Staff: Certainly. May I have your name?
Emma: My name is Emma Smith.
Staff: Thank you very much.

読まれた英文の日本語訳

エマ：もしもし。３名で予約したいのですが。
スタッフ：かしこまりました。何曜日の何時をお考えですか。
エマ：今度の土曜日の午後７時です。
スタッフ：かしこまりました。お名前をよろしいですか。
エマ：私の名前はエマ・スミスです。
スタッフ：どうもありがとうございます。

28 映画館で

本冊 p.58

❶ (1) スクリーン (2) 列
(3) 前方(の) (4) 真ん中(の)
(5) 後方(の) (6) 通路側の座席
(7) 字幕 (8) ポップコーン
(9) 炭酸飲料 (10) コメディー

❷ (1) 学生用のチケットを２枚もらえますか。
(2) **at** (3) ア

❸ (1) **time** (2) 28
(3) **[1] He bought two (tickets).**
[2] He bought (a small) popcorn.
(4) ア ○ イ × ウ ×

❹ **How, made, excited**

解き方

❷ (1) Can I ...? は「…してもいいですか」と相手に許可を求める表現です。
(2) 「…(時)に」と時刻を表す場合，前置詞 **at** を使います。
(3) 日本語訳 を確認しましょう。

日本語訳

奈央：『ザ・ダンス』を見たいんです。学生用のチケットを２枚もらえますか。
スタッフ：かしこまりました。『ザ・ダンス』は３時から始まります。１人につき15ドルです。
奈央：はい，30ドルです。シアター３はどこですか。
スタッフ：２階にあります。エスカレーターをご利用ください。

❸ (1) 直後の文で上映開始時刻について述べていることから，**what time**「何時」と時刻をたずねていると判断できます。
(2) 学生用のチケットが２枚で18ドル，Ｓサイズのポップコーン１つと炭酸飲料２つで10ドルなので，合計は28ドルになります。
(3) [1] 「浩司はチケットを何枚買いましたか」という質問です。
[2] 「浩司はどんな食べ物を買いましたか」という質問です。
(4) 日本語訳 を確認しましょう。

日本語訳

浩司：新しい映画の学生用チケットを２枚もらえますか。
スタッフ：もちろんです。何時にそれをご覧になりたいですか。午後３時，５時，７時の上映がございます。それらには日本語字幕はございません。
浩司：わかりました。ぼくたちは午後５時の上映を見るつもりです。一般席は空いていますか。
スタッフ：はい，もちろんでございます。学生２名で18ドルになります。

浩司：Sサイズのポップコーン1つと，炭酸飲料2つをいただけますか。
スタッフ：追加で10ドルになります。チケットと軽食でございます。
浩司：ありがとうございます。

❹ 読まれた英文の日本語訳
エマ：映画はどうでしたか。
浩司：すばらしかったです。その映画はぼくをわくわくさせました。

29 ホテルで

本冊 p.60

❶ (1) 料金 (2) (宿泊)客
(3) 記入する (4) 1人用の
(5) 2人用の (6) フロント
(7) 金庫 (8) かぎをかける
(9) チェックインする
(10) チェックアウトする
❷ (1) **to** (2) 何人が滞在する予定ですか。
(3) イ
❸ (1) **in[out]**
(2) わくわく[興奮]している。
(3) **[1] He'll[He will] stay (there) for two days[one night].**
[2] Yes, he can.
(4) ア ○ イ × ウ ×
❹ 10, 14, 2

解き方

❷ (1) **from A to B**で「**A**から**B**まで」という意味を表します。
(2) How many ...? は「いくつ…」と数をたずねる疑問文で使われます。また，are going to ... は未来を表し，「…する予定だ」という意味になります。
(3) 日本語訳 を確認しましょう。

日本語訳
美桜：3月20日から21日までの予約をとりたいのですが。
スタッフ：かしこまりました。何名様がご滞在なさいますか。
美桜：1名ですが，大きい部屋に泊まりたいんです。大丈夫ですか。
スタッフ：はい。1名様用にダブルルームを手配することができます。

❸ (2) 聡太の最後の発言に着目します。
(3) [1] 「聡太はどれくらいホテルに滞在するつもりですか」という質問です。
[2] 「聡太は8月21日の朝にホテルで朝食を食べることができますか」という質問です。
(4) 日本語訳 を確認しましょう。

日本語訳
聡太：こんにちは。加藤聡太という名前で予約しているのですが。
スタッフ：こんにちは，加藤様。あなたのご予約を承っております。シングルルームで8月20日から21日まで滞在する予定ですね。
聡太：はい，その通りです。パスポートはこれです。
スタッフ：ありがとうございます。こちらの用紙に記入していただけますか。……はい。すべてよさそうですね。お客様のお部屋は5階の506号室でございます。こちらがかぎです。午前7時から10時まで，お食事エリアで朝食を食べることができます。
聡太：それはよさそうですね。この滞在に対してわくわくしています！

❹ 読まれた英文
Jun: Hello. I have a reservation under the name of Jun Okamoto.
Clerk: Hello, Mr. Okamoto. You'll stay with us from October 14 to 16. Is that right?
Jun: Yes, that's right. Here's my passport.
読まれた英文の日本語訳
純：こんにちは。岡本純という名前で予約しているのですが。
スタッフ：こんにちは，岡本様。10月14日から16日までのご滞在です。よろしいでしょうか。
純：はい，その通りです。パスポートはこれです。

30 病院の予約をする

本冊 p.62

❶ (1) 予約　(2) 医学の，医療の
(3) 救急車　(4) 保険
(5) 生年月日　(6) 健康診断
(7) 診療所　(8) 痛み，苦痛
(9) せき(をする)　(10) 痛む

❷ (1) 私にあなたのファーストネームを教えてくれますか。
(2) **in**　(3) ア

❸ (1) (病院に)電話をする。
(2) ひどく[悪く]なっている
(3) **It's[It is] October 13, 2007.**
(4) ア ○　イ ×　ウ ○

❹ 火，午後，2

解き方

❷ (1) 〈tell＋人＋もの〉で「(人)に(もの)を教える」という意味を表します。
(2) 「午前中に」という意味は，前置詞 **in** を使って，**in the morning** と表します。
(3) 日本語訳 を確認しましょう。

日本語訳

スタッフ：あなたのファーストネームを教えてください。それに生年月日も教えてください。
陸：私は陸で，誕生日は 2006 年 4 月 10 日です。のどが痛むんです。
スタッフ：ありがとうございます。明日の午前 10 時はいかがですか。
陸：それで大丈夫です。ありがとうございます。

❸ (1) スタッフの最後の発言に着目します。
(2) 花の 2 度目の発言に着目します。
(3) 「花の誕生日はいつですか」という質問です。
(4) 日本語訳 を確認しましょう。

日本語訳

花：今週の金曜日，コール先生の予約をとりたいのですが。
スタッフ：申し訳ございませんが，彼は今週の金曜日は空きがございません。別の日をお選びいただけますか。
花：今週の土曜日はどうでしょうか。昨日よりもせきがひどいんです。
スタッフ：ええと……。大丈夫です。今週の土曜日，午前 11 時にお越しください。あなたのお名前と生年月日をお願いいたします。
花：私は鈴木花です。2007 年 10 月 13 日生まれです。
スタッフ：ありがとうございます。今週の土曜日，午前 11 時にお会いしましょう。予約を変更する必要があれば，私たちに電話をかけてください。

❹ 読まれた英文

Kenji: Hello, this is Kenji Tanaka. I would like to make a doctor's appointment.
Clerk: Hello, Mr. Tanaka. When is good for you?
Kenji: How about next Tuesday in the afternoon?
Clerk: OK. You can come at two p.m. next Tuesday. How's that?
Kenji: That's perfect. Thank you.

読まれた英文の日本語訳

健次：もしもし，田中健次です。医者の予約をしたいです。
スタッフ：こんにちは，田中さん。いつが都合がよろしいですか。
健次：今度の火曜日の午後はどうですか。
スタッフ：大丈夫です。今度の火曜日の午後 2 時にお越しいただけます。それでいかがでしょうか。
健次：問題ありません。ありがとうございます。

31 相手に調子をたずねる

本冊 p.64

❶ (1) 病気の　(2) 調子がおかしい
(3) 疲れ果てた　(4) 陽気な
(5) めまいがして　(6) すごくよい
(7) 非常に悪い　(8) 体調がよい
(9) 困っている　(10) 安心した，気楽な

❷ (1) ア　(2) **How**　(3) ア

❸ (1) ええと，私は体調がよくありません。
(2) 保健室に行くべき
(3) **He took some at home.**
(4) ア ×　イ ○　ウ ×

❹ **How, I'm exhausted**

解き方

❷ (1) 「…に見える」という意味は〈**look** ＋形容詞〉で表すことができます。

(2) Great!「すばらしいです！」と調子を答えているので，How are you?「調子はどうですか」とたずねる疑問文にします。

(3) 日本語訳 を確認しましょう。

日本語訳

仁：こんにちは，ミア。あなたは今日はうれしそうに見えます。調子はどうですか。

ミア：すごくよいです！　両親が誕生日に私に新しい自転車を買ってくれたんです。

仁：なるほど。それはどんな種類の自転車ですか。

ミア：ロードバイクです。私はサイクリングが好きなので，その自転車はすばらしいです。

❸ (2) 直前の悠乃の発言にある，should「…すべき」の部分に着目します。

(3)「ルークはどこで薬を飲みましたか」という質問です。

(4) 日本語訳 を確認しましょう。

日本語訳

悠乃：こんにちは，ルーク。調子はどうですか。あまりよさそうに見えませんね。

ルーク：ええと，ぼくは体調がよくありません。ぼくは今，頭痛がひどいんです。

悠乃：薬は飲みましたか。

ルーク：はい。家で飲みましたが，頭痛がひどくなっているんです。

悠乃：それなら，あなたは保健室へ行くべきです。保健の先生に会って休めば，たぶん気分がよくなるでしょう。

ルーク：その通りですね。あなたのアドバイスにしたがいます。

❹ 読まれた英文の日本語訳

奈々：こんにちは，ジョン。今日は調子はどうですか。

ジョン：5時間国語を勉強したから，疲れ果てています。

32 クラスメートの調子をたずねる

本冊 p.66

❶ (1) 休みの　(2) 回復する

(3) 回復する　(4) ねんざする，ひねる

(5) 足首　(6) インフルエンザ

(7) 休みの日　(8) 睡眠不足

(9) 病気で寝ている

(10) おそらく，たぶん

❷ (1) 彼女は体調[気分]が悪いのですか。

(2) イ　(3) イ

❸ (1) ア

(2) 放課後，エミリーを訪ねるということ。

(3) **She went there yesterday evening.**

(4) ア ×　イ ○　ウ ○

❹ **absent, two**

解き方

❷ (1) feel bad は「体調[気分]が悪い」という意味を表します。

(2) I hope ....「私は…だとよいと思います」と願っていることから，**get well**「元気になる」という意味になる well が適しています。

(3) 日本語訳 を確認しましょう。

日本語訳

朔斗：こんにちは，クレア。彩は今日は休みです。彼女は体調が悪いのですか。

クレア：はい。彼女は病気で寝ています。彼女は2日前にインフルエンザにかかりました。

朔斗：ああ，すぐに元気になるとよいですね。

クレア：おそらく彼女は来週は学校に来るでしょう。

❸ (1)「病気だから家にいる」とすればうまくつながるので，sick「病気の」が適しています。

(2) 直前のボブの発言に着目します。

(3)「エミリーはいつ病院に行きましたか」という質問です。

(4) 日本語訳 を確認しましょう。

日本語訳

流花：エミリーはどこにいますか。今日はクラスで彼女を見ていません。

ボブ：ああ，彼女は体調がよくないんです。彼女は今，家にいます。彼女は風邪をひいたのだと思います。昨日病気だったので，今日は家にいると決めました。

流花：お気の毒に。彼女は病院に行きましたか。

ボブ：はい，彼女は昨日の晩，お母さんと行きました。実は，ぼくは放課後，彼女を訪ねることを考えているんです。あなたはぼくと行きたいですか。

流花：それはよい考えですね！　ぜひ行きたいです。私は彼女に果物を持っていくつもりです。彼女がすぐに回復するとよいと思っています。

❹ 読まれた英文

Kana: Hi, Matt. Why was Jake absent from tennis practice today?

Matt: He broke his ankle two days ago. He's in hospital now.

Kana: Oh, that's too bad.

読まれた英文の日本語訳

香奈：こんにちは，マット。今日はなぜ，ジェイクはテニスの練習を休んだのですか。

マット：彼は２日前に足首を骨折したんです。彼は今，入院しています。

香奈：まあ，それはお気の毒に。

33 好きなことについて話す 本冊 p.68

❶ (1) チームワーク　(2) 友情
(3) 冒険　(4) 伝統　(5) つなぐ
(6) 魅力的な　(7) 登場人物
(8) 趣味　(9) 趣味，気晴らし
(10) …が好きだ

❷ (1) **best**　(2) サッカー　(3) イ

❸ (1) 私は(日本の)アニメがとても好きです[大好きです]。
(2) 世界の別の場所への旅行
(3) **It teaches us about Japanese culture and language.**
(4) ア ○　イ ○　ウ ×

❹ **favorite subject, the best**

解き方

❷ (1) **like ... the best of** ～で「～の中で…がいちばん好きだ」という意味を表します。
(2) 直前の文に着目します。
(3) 日本語訳 を確認しましょう。

日本語訳

こんにちは，みなさん。ぼくはすべてのスポーツの中で，サッカーがいちばん好きです。ぼくはよく放課後，公園でサッカーをします。ぼくはそれが得意ではありませんが，とても楽しいです。ぼくはまた，サッカーの試合を見ます。光スタジアムはサッカーを見るのによい場所です。試合を見るとぼくはわくわくします。ありがとうございました。

❸ (2) ４～５行目に着目します。
(3)「アニメを見ることは私たちに何を教えてくれますか」という質問です。
(4) 日本語訳 を確認しましょう。

日本語訳

こんにちは，みなさん。今日，私はアニメについて話します。私はアニメがとても好きです。それは多くの種類の物語を教えてくれます。物語の中には友情や冒険，愛についてのものがあります。ほかにはミステリーやファンタジーでいっぱいのものもあります。

アニメはよく私たちに異なる文化や伝統を教えてくれます。それは世界の別の場所への旅行のようです。アニメを見ることはまた，日本文化やその言語について私たちに教えてくれもします。

アニメを見るのはただ楽しみのためだけではありません。それは私たちを登場人物や物語とつないでくれるのです。みんながアニメを見てみて，楽しめる物語を見つけることを願っています。

❹ 読まれた英文の日本語訳

浩平：こんにちは，リリー。あなたのいちばん好きな教科は何ですか。

リリー：私は理科がいちばん好きです。

34 友だちにお願いをする 本冊 p.70

❶ (1) ロッカー　(2) ごみ箱
(3) クリップ　(4) 花だん
(5) プリント　(6) (文字などを)消す
(7) 片づける　(8) …の～を手伝う
(9) (電灯などを)つける
(10) (電灯などを)消す

❷ (1) 私のためにドアを開けてくださいませんか。
(2) (たくさんの)ノート　(3) ウ

❸ (1) ウ
(2) (クラスのために)ミートパイを作る
(3) **They'll[They will] have it next month.**
(4) ア ○　イ ○　ウ ×

❹ 理科の宿題，難しい

解き方

❷ (1) **Could you please ...?** は「…してくださいませんか」とていねいに依頼する表現です。
(2) 直前のルーシーの発言に着目します。
(3) 日本語訳 を確認しましょう。

日本語訳

悠：ぼくの両手はふさがっています。ぼくのためにドアを開けてくださいませんか。
ルーシー：もちろんです。わあ，とてもたくさんのノートですね！　それらは何ですか。
悠：ぼくたちは次の理科の授業でこれらを使います。
ルーシー：なるほど。私は鈴木先生の理科の授業が好きです！

❸ (1) Of course. は「もちろんです」という意味を表します。
(2) 6～7行目のやりとりに着目します。
(3)「佐那の学校の生徒たちはいつ文化祭がありますか」という質問です。
(4) 日本語訳 を確認しましょう。

日本語訳

佐那：こんにちは，オリバー。私を手伝ってくれませんか。
オリバー：もちろんです。ぼくはあなたのために何ができますか。
佐那：来月，文化祭があります。私たちのクラスは伝統的な日本の食べ物についての展示をする予定です。私たちはオーストラリアの伝統的な食べ物についても展示をしたいと思っています。
オリバー：おもしろそうですね！　ぼくはミートパイがぼくたちの伝統的な食べ物の1つだと思います。
佐那：本当ですか。クラスのために，それを作ってくれますか。
オリバー：はい。たくさんのオーストラリアの人たちがミートパイが大好きです。

❹ **読まれた英文**

Leon: Hi, Emi.　Can you help me with my science homework if you have time?　Some questions are difficult for me.
Emi: Sure, Leon.　I like science, so I'll do my best.

読まれた英文の日本語訳

レオン：こんにちは，絵美。もし時間があるなら，ぼくの理科の宿題を手伝ってくれませんか。いくつかの問題はぼくには難しいんです。
絵美：もちろんです，レオン。私は理科が好きなので，最善を尽くします。

35 友だちに謝る 本冊 p.72

❶ (1) 謝る　(2) 後悔する
(3) 申し訳なく思う　(4) 許す
(5) 非難する　(6) 誤り，責任
(7) 迷惑　(8) たまたま
(9) …するつもりだ　(10) わざと

❷ (1) イ　(2) (ジェイの)ノート
(3) ア

❸ (1) **by**
(2) (花びんの水を換えているとき，)いすにぶつかったから。

(3) **He changed it this morning.**

(4) ア ○　イ ×　ウ ×

❹ **return, book, yesterday**

解き方

❷ (1) **I'm sorry about ....** で「…についてごめんなさい」と相手に謝る表現です。

(3) 日本語訳 を確認しましょう。

日本語訳

美優：昨日はごめんなさい。私はうっかりあなたのノートを家に持ち帰ってしまったんです。

ジェイ：ああ，なるほど。だからそれを見つけられなかったんですね！

美優：はい，どうぞ。迷惑をかけてごめんなさい。

ジェイ：大丈夫ですよ。私は別のノートに宿題をしたんです。

❸ (2) 寛人の２度目の発言に着目します。

(3)「寛人はいつ花びんの水を換えましたか」という質問です。

(4) 日本語訳 を確認しましょう。

日本語訳

寛人：こんにちは，ティナ。本当にごめんなさい。今朝，たまたまあなたのかばんに水をこぼしてしまいました。

ティナ：まあ，本当ですか。何が起こったのですか，寛人。

寛人：教室の花びんの水を換えているとき，いすにぶつかったんです。すぐにふき取ったのですが……。

ティナ：大丈夫ですよ！　けがをしたりしましたか。

寛人：いいえ，ぼくは大丈夫です。花びんも大丈夫です。あなたのかばんに水をこぼしただけでした。

ティナ：ええと，気にしないで。何も壊れていないと聞いてよかったです。

❹ 読まれた英文

Honoka: I'm sorry, Jimmy. I didn't return your book on time.

Jimmy: Oh, no problem, Honoka. What happened?

Honoka: I had a lot of things to do yesterday, so I forgot about your book.

読まれた英文の日本語訳

穂香：ごめんなさい，ジミー。時間通りにあなたの本を返さなくて。

ジミー：ああ，大丈夫ですよ，穂香。どうしたのですか。

穂香：昨日はたくさんすることがあって，あなたの本について忘れていたんです。

36 友だちの誕生日を祝う

本冊 p.74

❶ (1) 集まる　(2) 祝う　(3) 飾る

(4) 吹き消す　(5) パーティーを開く

(6) 準備する　(7) 意外なこと，驚き

(8) ろうそく　(9) クラッカー

(10) 記念日

❷ (1) 彼のためにパーティーを開きましょう。

(2) ウ　(3) イ

❸ (1) バースデー[誕生日]カードをあげる

(2) クッキーを焼く。

(3) **They'll[They will] meet after school.**

(4) ア ×　イ ×　ウ ○

❹ **next week, surprise party**

解き方

❷ (2) 〈**sound** ＋形容詞〉で「…に聞こえる[思われる]」という意味を表します。ここでは sound の前に，主語が省略されています。

(3) 日本語訳 を確認しましょう。

日本語訳

唯奈：トッド，明日は健の誕生日です。彼のためにパーティーを開きましょう。

トッド：よい考えですね！　ぼくはケーキと軽食を持ってくることができますよ。

唯奈：わかりました。私は飲み物をいくらか買うつもりです。放課後に私の家に集まることができます。

トッド：いいですね。パーティーでは彼にプレゼントをあげましょう。

❸ (1) 直前の斗真の発言に着目します。

(2)　グレースの３度目の発言に着目します。

(3)「斗真とグレースはいつ会うつもりですか」という質問です。

(4)　日本語訳 を確認しましょう。

日本語訳

グレース：桃花の誕生日はいつですか。

斗真：９月10日です。ぼくたちは彼女にバースデーカードをあげる予定です。

グレース：それはよい考えですね。あなたたちに加わってもいいですか。

斗真：もちろんです。ぼくたちはカードに彼女へのメッセージを書きます。

グレース：それでは私は彼女のためにクッキーを焼きましょう。私はお菓子を作るのが得意なんです。

斗真：わあ！　それはすごいですね。ぼくが特別な箱を作るので，あなたはそれにクッキーを入れることができます。放課後に会って，すべての準備をしましょう。

グレース：わかりました。これは彼女にとってすばらしいサプライズになるでしょう！

❹ 読まれた英文

Hayato: Did you know it's Ayumi's birthday next week?

Luna: Really?　How are you going to celebrate?

Hayato: How about a surprise party with some classmates?

Luna: That sounds good.　I'll join it, too.

読まれた英文の日本語訳

隼人：来週は歩美の誕生日だと知っていましたか。

ルナ：本当ですか。あなたはどのようにして祝う予定ですか。

隼人：クラスメートとのサプライズパーティーはどうでしょうか。

ルナ：それはいいですね。私も参加します。

37 落とし物を探す・拾う

本冊 p.76

❶ (1)　どこかに[で，へ]　(2)　だれの(もの)
(3)　校庭　(4)　水泳プール　(5)　食堂
(6)　校長　(7)　水筒　(8)　ポーチ
(9)　入れ物　(10)　財布

❷ (1)　それはどのようなものですか。
(2)　(サラの)机の周り[あたり]
(3)　ウ

❸ (1)　白い持ち手がついた，薄くて黒い
(2)　**[1]　He found it in the hallway.**
[2]　It's[It is] Toma's.
(3)　ア　○　　イ　×　　ウ　○

❹ **Whose is, mine**

解き方

❷ (1)　この **like** は前置詞で「…のような」という意味を表しています。

(3)　日本語訳 を確認しましょう。

日本語訳

サラ：こんにちは，樹。私は机の周りのどこかにペンを落としてしまいました。

樹：それはどのようなものですか。それには名前が書かれていますか。

サラ：いいえ。それは金色のキャップのキラキラしたピンクのペンです。私は昨日，それを買いました。

樹：なんてことだ。いっしょにそのあたりを確認しましょう。

❸ (1)　直後のカイルの発言に着目します。

(2)　[1]「カイルはどこで折りたたみ傘を見つけましたか」という質問です。
[2]「折りたたみ傘はだれのものですか」という質問です。

(3)　日本語訳 を確認しましょう。

日本語訳

カイル：こんにちは，美優。ぼくは廊下でこの折りたたみ傘を見つけました。

美優：本当ですか。それには名前が書かれていますか。

カイル：いいえ，書かれていません。それは新しそうに見えます。

美優：待って！　それは斗真のものです。彼の傘はまさにそのようなものです。

カイル：彼のものは白い持ち手がついた，薄くて黒いのですか。

美優：はい。彼は昨日，学校で傘をなくしたんです。彼

はそれを探していました。それを彼に返しましょう。
カイル：わかりました。ぼくは彼を教室で見かけたばかりです。行きましょう！

❹ 読まれた英文の日本語訳
リリー：この定規はだれのですか。
浩司：それはぼくのものです。ありがとう，リリー。

38 部活動を休む 本冊 p.78

❶ (1) 会議，ミーティング (2) 練習
(3) トーナメント (4) 目標，ゴール
(5) コーチ (6) キャプテン
(7) 出席する (8) 高熱
(9) とばす，休む (10) 休む
❷ (1) 彼女は風邪をひきましたか。
(2) **too** (3) ア
❸ (1) (４時に)歯医者の予約があるから。
(2) 歯の健康は大切[重要]だという考え。
(3) **They have it next month.**
(4) ア × イ ○ ウ ×
❹ のど，医者，バスケットボールの練習

解き方

❷ (1) **catch a cold** で「風邪をひく」という意味を表します。
(2) **That's too bad.** で「それはお気の毒です」という意味を表します。
(3) 日本語訳 を確認しましょう。

日本語訳
弘毅：ぼくの妹の彩は今日，あなたたちのサッカー部の練習に行くことができません。
ケイト：あら，彼女は大丈夫ですか。風邪をひいたのですか。
弘毅：はい。彼女は今，家にいます。彼女は熱が高いんです。
ケイト：それは気の毒ですね。私がキャプテンに彼女について話しておきますよ。

❸ (1) 莉子の２度目の発言に着目します。
(2) 直前の莉子の発言に着目します。
(3) 「莉子のチームのメンバーたちはいつトーナメントがありますか」という質問です。
(4) 日本語訳 を確認しましょう。

日本語訳
莉子：こんにちは，メグ。私は今日の練習を休まなければなりません。
メグ：あら，大丈夫ですか。あなたは気分が悪いのですか。
莉子：いいえ。私は今日，４時に歯医者の予約があるんです。私は毎月，歯医者に行っています。私は歯の健康は大切だと思います。
メグ：私もそう思います。私たちのコーチは知っていますか。
莉子：はい。昨日，私は彼に「私は明日，練習に参加できません」と言いました。私たちは来月，トーナメントがありますので，明日には戻ってきます。
メグ：それを聞いてうれしいです！ トーナメントに勝つために，私たちのチームはあなたを必要としています。

❹ 読まれた英文
Kaori: Hi, Jack. I have to skip basketball practice today.
Jack: Oh, really? What's up?
Kaori: I have a sore throat, so I want to see a doctor today.
Jack: I see. Take care.
読まれた英文の日本語訳
香織：こんにちは，ジャック。私は今日，バスケットボールの練習を休まなければなりません。
ジャック：えっ，本当ですか。どうしたのですか。
香織：のどが痛いので，今日，医者にみてもらいたいんです。
ジャック：なるほど。お大事に。

39 クラスで人気があるもの 本冊 p.80

❶ (1) 行事 (2) 思い出
(3) テレビ番組 (4) 有名人
(5) コンテスト (6) アイドル歌手
(7) クジラ (8) アザラシ
(9) 林間学校 (10) 式典

❷ (1) **most** (2) 数学(の授業) (3) イ
❸ (1) (この国では)サッカーはバスケットボールよりも人気があるということ。
(2) 授業の間の休憩[休み時間]中
(3) **She practices it every day.**
(4) ア ○ イ × ウ ○
❹ **most, in, temples**

解き方

❷ (1) popular などのようにつづりの長い形容詞の最上級は，前に **most** を置いて作ります。
(3) 日本語訳 を確認しましょう。

日本語訳
ミア：私たちのクラスでいちばん人気のある教科は何ですか。
卓：数学です！ 小川先生がそれを本当におもしろく楽しくしてくれます。
ミア：その通りです。彼のおかげで，私は以前よりそれに興味があります。
卓：ぼくは数学が大好きです。放課後それをいっしょに勉強しましょう。

❸ (1) 直前のソフィアの発言に着目します。
(2) 浩平の３度目の発言に着目します。
(3) 「ソフィアはいつサッカーを練習しますか」という質問です。
(4) 日本語訳 を確認しましょう。

日本語訳
浩平：この国でいちばん人気のあるスポーツは何ですか。
ソフィア：サッカーです。それはバスケットボールよりも人気があります。
浩平：本当ですか。それはおもしろいですね。ここではなぜサッカーがそれほど人気なのですか。
ソフィア：ええと，それはするのが簡単だからです。1つのボールといくらかの場所だけが必要です。私はサッカー部に所属していて，毎日練習します。
浩平：なるほど。それは日本でも人気があります。ぼくたちは授業の間の休憩中にサッカーをします。ぼくはよくクラスメートとそれをしました。
ソフィア：それはいいですね！ もしかすると私たちはいつかいっしょにすることができるかもしれませんね。

❹ 読まれた英文
Leo: What event is the most popular in our school?
Arisa: Well, I think it's the school trip.
Leo: Oh, really? Where do you go on the trip?
Arisa: We usually visit Kyoto and see a lot of old temples there.
Leo: I see. Thank you.

読まれた英文の日本語訳
レオ：ぼくたちの学校では何の行事がいちばん人気ですか。
亜里沙：ええと，修学旅行だと思います。
レオ：ああ，本当ですか。旅行ではどこに行きますか。
亜里沙：私たちはふつう京都を訪れ，そこでたくさんの古い寺を見ます。
レオ：なるほど。ありがとうございます。

40 好きな季節について話す 本冊 p.82

❶ (1) 花 (2) 日光 (3) ビーチバレー
(4) バーベキュー (5) 収穫
(6) そよ風 (7) すがすがしい
(8) 高温多湿の (9) 穏やかな
(10) うすら寒い
❷ (1) あなたのいちばん好きな季節は何ですか。
(2) **seeing** (3) イ
❸ (1) 水泳／ビーチバレー
(2) スキー
(3) **She likes winter the best (of all seasons).**
(4) ア ○ イ ○ ウ ×
❹ **Which, best, favorite**

解き方

❷ (1) favorite は「お気に入りの，いちばん好きな」という意味を表す形容詞です。
(2) **like** は〈**to** ＋動詞の原形〉と動詞の **ing** 形の両方を目的語とすることができます。ここでは１語と指定があるので seeing とします。
(3) 日本語訳 を確認しましょう。

日本語訳

健伍：あなたのいちばん好きな季節は何ですか。

サラ：私は春が大好きです。天候が理想的です。

健伍：あなたは花を見るのは好きですか。それらは春には美しいです。

サラ：はい。私は桜の花が大好きです。私は春に花見をします。

❸ (1) ヘンリーの２度目の発言に着目します。

(2) 陽子の３度目の発言に着目します。

(3)「陽子はどの季節がいちばん好きですか」という質問です。

(4) 日本語訳 を確認しましょう。

日本語訳

陽子：こんにちは，ヘンリー。あなたは日本では，どの季節がいちばん好きですか。

ヘンリー：ぼくは夏がいちばん好きです。暑い日差しがすばらしいです！

陽子：あなたはなぜ夏がそんなに好きなのですか。

ヘンリー：ぼくは夏に泳いだり，ビーチバレーをしたりして楽しみます。

陽子：なるほど。私は雪のために，冬がいちばん好きです。雪はすべてを美しくします。私は友だちとスキーをして楽しんだりもします。

ヘンリー：本当ですか。ぼくは寒い気候は好きではありません。ぼくは冬は家にいます。

陽子：あなたはウィンタースポーツをやってみるべきです。

❹ 読まれた英文の日本語訳

ケイト：あなたはどの季節がいちばん好きですか。

誠二：ぼくのいちばん好きな季節は秋です。ぼくたちは秋に公園でバーベキューをすることができます。

41 まとめのテスト❷ 本冊 p.84

❶ (1) 予約する (2) 著者 (3) 列

(4) 趣味 (5) 謝る

(6) **schoolyard** (7) **stamp**

(8) **seat** (9) **outside**

(10) **locker**

❷ (1) **Can[Could] you** (2) **in**

(3) (ファンタジー)小説 (4) ア

❸ (1) 健太の家で結衣の誕生日パーティーを開くという計画。

(2) **color**

(3) **He's[He is] going to give her some comic books.**

(4) ア × イ ○ ウ ○

❹ 生年月日[誕生日]，火曜日

解き方

❷ (1)「…してくれますか」と相手に依頼する場合は，Can you ...? または Could you ...? で表すことができます。**can** よりも **could** を使ったほうがよりていねいになります。また，Will[Would] you ...? で表すこともできます。

(2) the most popular という最上級のある文です。our library は「私たちの図書館」という範囲を表すので，前置詞 **in** を使います。

(3) 図書館員の２度目の発言と，そのあとのスティーブの発言に着目します。

(4) 日本語訳 を確認しましょう。

日本語訳

スティーブ：本を探しているのですが，タイトルを思い出せないんです。

図書館員：大丈夫です。その本について私に教えてくれますか。

スティーブ：それは若い少女についての小説です。彼女はドラゴンといっしょに暮らしているんです。

図書館員：私はその本を知っています。サム・リーによる本で，タイトルは『ドラゴンの娘』です。私たちの図書館でいちばん人気のあるファンタジー小説です。

スティーブ：はい，その本です！ ぼくはそれを借りたいです。

図書委員：１度に５冊，また，それを２週間借りておくことができます。本とあなたの図書館カードを受付カウンターへ持ってきてください。

スティーブ：わかりました。お手伝いいただき，ありがとうございます。

❸ (1) 直前の健太の発言に着目します。

(2) 直後で健太が色について答えているので，color「色」が適しています。

(3)「健太は結衣に何をあげるつもりですか」という質問です。

(4) 日本語訳 を確認しましょう。

日本語訳

健太：結衣の誕生日は5月28日です。ぼくたちはぼくの家でパーティーを開く予定です。

リサ：わあ，私はあなたたちの計画について知りませんでした。私はあなたたちを手伝いたいです。

健太：パーティーの日に部屋を飾りつけてくれませんか。

リサ：もちろんです！　私は飾りつけを作るのが得意なんです。彼女のいちばん好きな色は何ですか。

健太：彼女は青が大好きです。そして彼女はすべての動物の中で，ネコがいちばん好きです。

リサ：わかりました。私はかわいいネコの飾りつけを作るつもりです。そしてプレゼントはどうですか。あなたは何か手に入れましたか。

健太：はい。ぼくは彼女にマンガ本を何冊かあげるつもりです。彼女はマンガを読むのが好きなんです。

リサ：それなら，私は彼女にネコのぬいぐるみをあげます。

健太：それはよさそうですね。すばらしいパーティーになるでしょう！

❹ 読まれた英文

Saya: Hello? I'd like to make an appointment to see a doctor.

Clerk: Sure. May I have your name and date of birth?

Saya: I'm Saya Suzuki. My birthday is November 16, 2007.

Clerk: Thank you. What's the reason for your visit?

Saya: I have a fever and a headache.

Clerk: OK. How about Tuesday at two p.m.?

Saya: That's fine. Thank you.

読まれた英文の日本語訳

沙也：もしもし。医者にみてもらう予約をとりたいんですが。

スタッフ：かしこまりました。お名前と生年月日をお願いいたします。

沙也：私は鈴木沙也です。誕生日は2007年11月16日です。

スタッフ：ありがとうございます。ご来院の理由は何でしょうか。

沙也：熱があって頭痛がするんです。

スタッフ：かしこまりました。火曜日の午後2時はいかがでしょうか。

沙也：大丈夫です。ありがとうございます。

42 電話で友だちをさそう

本冊 p.86

❶ (1) 招待する，さそう
(2) …を取りに[買いに]行く
(3) …を待つ　(4) 展覧会
(5) ショッピングモール　(6) …後に
(7) すでに　(8) 次の次の…，翌々…
(9) 残念ながら　(10) ともかく

❷ (1) **What's**　(2) (駅前の)カフェ
(3) イ

❸ (1) 今度の土曜日に私といっしょに来ませんか[行きませんか]。
(2) ウ　(3) **for**
(4) ア ×　イ ×　ウ ○

❹ ショッピングモール，木，ローズのお母さん

解き方

❷ (1) What's up? で「どうしたの？」「今，どうしてる？」という意味になります。

(3) 日本語訳 を確認しましょう。

日本語訳

昭司：もしもし，アーサー。昭司です。今，家にいますか。

アーサー：こんにちは，昭司。はい，今，テレビを見ています。どうしたのですか。

昭司：買い物の最中に偶然ハンナに会ったんです。ぼくたちは駅前のカフェにお茶を飲みに行くところです。いっしょにどうですか。

アーサー：ぜひ。15分後にそこに着きます。待っていてください。

❸ (1) **Why don't you ...?** は「(あなたは)…しませんか，…したらどうですか」と相手に提案する表現です。

(2) この end は「終わる」という意味の動詞です。

(3) **thanks for ...** で「…をありがとう」という意味になります。

(4) 日本語訳 を確認しましょう。

日本語訳

由香：もしもし，ケイト。由香です。今，話せますか。
ケイト：もしもし。いいですよ。どうしましたか。
由香：父が私に日本美術展のチケットを2枚くれました。もし興味があれば，今度の土曜日に私といっしょに行きませんか。
ケイト：行きたいですが，私はすでに今度の週末の予定があるんです。再来週の週末はどうですか。
由香：残念ですが，展覧会は今度の日曜日で終わってしまうんです。
ケイト：まあ，本当ですか。申し訳ありませんが，ほかの人と行ってもらうしかなさそうです。ともかく，さそってくれてありがとう。

❹ 読まれた英文

Rose: Hello, Tatsuya. Do you have any plans for next Wednesday? I want to go to the new mall.
Tatsuya: I'd like to go with you, but I have plans next Wednesday.
Rose: I see. How about Thursday?
Tatsuya: That will be fine.
Rose: Thank you. My mother will drive us to the mall, so come to my house.

読まれた英文の日本語訳

ローズ：もしもし，達也。何か今度の水曜日に予定はありますか。新しいショッピングモールに行きたいんです。
達也：いっしょに行きたいのですが，今度の水曜日は予定があるんです。
ローズ：わかりました。木曜日はどうですか。
達也：それなら大丈夫です。
ローズ：ありがとう。母がショッピングモールまで車で送ってくれるので，私の家に来てください。

43 待ち合わせをする

本冊 p.88

❶ (1) 待ち合わせ場所
(2) 待ち合わせ時間　(3) 会う
(4) 集まる　(5) …を決める
(6) …に向かう　(7) シャトルバス
(8) バス停　(9) …の裏側に
(10) 中間地点

❷ (1) 駅の近くで会いましょうか。
(2) ア　(3) イ

❸ (1) **Let's decide on a meeting spot and**
(2) **get off**
(3) 美術館[博物館]に向かう前に，いっしょに昼食を食べるのはどうですか。
(4) **[1] by bus**
[2] noon behind, school

❹ 郵便局，11

解き方

❷ (2)「(乗り物に)乗る，乗って行く」は take で表します。

(3) 日本語訳 を確認しましょう。

日本語訳

芽衣：明日，動物園に行きませんか。
ザック：いいですね。駅の近くで会いましょうか。
芽衣：わかりました。駅前のバス停から出ているシャトルバスがあります。10時50分のバスに乗りたいです。
ザック：では，10時40分にバス停で会いましょう。

❸ (3) **How about ...?** は「…はどうですか」という意味を表します。

(4) [1]「信吾とコールはどうやって美術館に行くでしょうか」という質問です。
[2]「信吾とコールは今度の土曜日，何時にどこで会うでしょうか」という質問です。

日本語訳

信吾：今度の土曜日にあなたと美術館に行くのが楽しみです。

コール：はい。待ち合わせ場所と時間を決めましょう。

信吾：美術館に行くには，学校の裏のバス停からバスに乗って，そこから８番目のバス停で降りなければなりません。

コール：わかりました。それじゃあ，学校の裏で１時に会いましょうか。

信吾：美術館に向かう前に，いっしょに昼食を食べるのはどうですか。バス停の近くによいカフェを知っているんです。

コール：いいですね。では，正午に集まって昼食を食べて，それから美術館に行きましょう。

❹ 読まれた英文

Miwa: We're going to go shopping next Sunday, right? What time and where should we meet?

Simon: Let's meet at the halfway point between my house and your house.

Miwa: Let me see .... That's in front of the post office. Let's meet there at ten in the morning.

Simon: Well, that's a little early. How about eleven?

Miwa: All right.

読まれた英文の日本語訳

美和：私たちは今度の日曜日に買い物に行く予定ですよね。何時にどこで会いましょうか。

サイモン：ぼくの家とあなたの家の中間地点で会いましょう。

美和：えーっと……。郵便局の前ですね。午前10時にそこで会いましょう。

サイモン：うーん，それは少し早いです。11時ではどうですか。

美和：いいですよ。

44 予定を変更する

本冊 p.90

❶ (1) スケジュールを変更する
(2) 延期する　(3) 都合がつく
(4) 埋め合わせをする
(5) …することになっている
(6) 代わりに　(7) 決して…ない
(8) 気にする　(9) …まで(ずっと)
(10) …までに

❷ (1) ウ
(2) 私はあなたに埋め合わせをします。
(3) ア

❸ (1) 私たちは今度の土曜日，映画に行くことになっています
(2) 学校，バスケットボールの練習
(3) ウ
(4) ア ○　イ ×

❹ イ，イ

解き方

❷ (1) What's wrong? で「どうしたの？」「何か都合が悪いの？」という意味になります。

(3) 日本語訳 を確認しましょう。

日本語訳

俊：もしもし，テッド。ぼくたちは今日，いっしょに夕食を食べる予定がありますが，キャンセルしてもいいですか。

テッド：問題ありませんよ。どうかしましたか。

俊：体調がよくないので，家にいようと思います。あなたに埋め合わせをします。

テッド：気にしないで。別の機会に行きましょう。

❸ (2) make it はここでは「都合がつく」という意味です。

(3) **until**「…まで(ずっと)」は継続，**by**「…までに」は期限を表すことに注意しましょう。

(4) 日本語訳 を確認しましょう。

日本語訳

明音：私たちは今度の土曜日，映画に行くことになっていますが，都合がつかなくなってしまいました。

ミア：本当ですか。どうかしましたか。

明音：その日はバスケットボールの練習があるのを忘れていました。私たちは５時に映画を見に行く予定でしたよね。私は６時まで学校で練習しなければいけませ

ん。
ミア：わかりました。スケジュールをキャンセルしましょうか，それとも延期しましょうか。
明音：えっと，代わりに日曜日に行くことはできますか。
ミア：その日は私は2時まで都合がつきます。なので，11時はどうですか。
明音：私はそれで大丈夫です。スケジュールを変更してくれてありがとう。

❹ 読まれた英文

Ryudai: I'm sorry, Susie. We are supposed to go shopping next Tuesday, but I can't make it. I have to help my mother.

Susie: I see. Can we reschedule?

Ryudai: I won't have any free time for a while. So can we just cancel this time?

Susie: All right.

読まれた英文の日本語訳

龍大：ごめんなさい，スージー。ぼくたちは今度の火曜日に買い物に行くことになっていますが，都合がつかなくなってしまいました。ぼくは母を手伝わなければいけません。
スージー：そうですか。スケジュールを変更できますか。
龍大：ぼくはしばらくひまな時間がありません。なので，今回はキャンセルしてもいいですか。
スージー：いいですよ。

45 遅刻したことを謝る

本冊 p.92

❶ (1) 遅れている　(2) 予定より遅れて
(3) 寝過ごす　(4) 乗り遅れる
(5) 渋滞にはまる　(6) 前もって
(7) メールを送る　(8) 必ず…する
(9) 先に

❷ (1) 電車が遅れていたのですか。
(2) **in**　(3) ア

❸ (1) **How**
(2) 予定より15分遅れている
(3) 先に行ってレストランの席を取ってくれますか。
(4) ア ×　イ ×　ウ ○

❹ イ，ア

解き方

❷ (3) 日本語訳 を確認しましょう。

日本語訳

拓郎：遅れてごめんなさい。
ヒュー：大丈夫ですよ。電車が遅れていたのですか。
拓郎：えっと，実は今朝寝過ごして，電車に乗り遅れてしまったんです。
ヒュー：今度そういうことがあったら，前もってぼくにメールをしてください。
拓郎：ごめんなさい。今度は必ずそうします。

❸ (1) あとに形容詞のlateがあるので，**程度をたずねる疑問詞のHow**を入れて「どれくらい遅れますか」という文にします。
(2) 直前の内容に着目します。
(3) ここでのCan you ...?は「…してくれますか」という依頼を表します。
(4) 日本語訳 を確認しましょう。

日本語訳

沙也加：ごめんなさい。遅れます。
カーラ：どれくらい遅れますか。
沙也加：わかりません。バスが渋滞にはまってしまって。今，予定より15分遅れているのですが，状況は変わるかもしれません。
カーラ：大丈夫ですよ。実は，私も電車に乗り遅れてしまったので，10分遅れます。
沙也加：では，あなたは11時40分に着くのですね。もし私がそれまでに着かなければ，先に行ってレストランの席を取ってくれますか。
カーラ：いいですよ。私たちは図書館のとなりのレストランに行く予定ですよね。
沙也加：そうです。人気があるので，列ができているかもしれません。

❹ 読まれた英文

Luther: Hi, Mayu. You're early, too.

Mayu: Luther, you are fifteen minutes late! Did you oversleep?

Luther: What? We were supposed to meet at three thirty, right?

Mayu: I said we would meet at three!

Luther: Really? Oh, I'm sorry! I had the wrong time.

読まれた英文の日本語訳

ルーサー：こんにちは，真由。あなたも早いですね。

真由：ルーサー，15分遅刻ですよ！ 寝過ごしたのですか。

ルーサー：えっ？ ぼくたちは3時30分に会うことになっていましたよね。

真由：私は3時に会おうと言いましたよ！

ルーサー：本当ですか。ああ，ごめんなさい！ 時間を間違えました。

46 道に迷ったとき

本冊 p.94

❶ (1) 道に迷った (2) 現在の
(3) 位置 (4) 方向
(5) 地図 (6) 交番
(7) コンビニエンスストア (8) 建物
(9) アパート(の一室) (10) 急ぐ

❷ (1) **we are lost**
(2) コンビニエンスストア
(3) イ

❸ (1) **the post office**
(2) **Are there any landmarks around you**
(3) **wait for you**
(4) ア ○ イ × ウ ○

❹ 駅，交番

解き方

❷ (1)(2) いずれも，直前の文に着目します。
(3) 日本語訳 を確認しましょう。

日本語訳

康太：映画館が見つかりません。ぼくたちは道に迷ったのでしょうか。

アイリス：そう思います。地図アプリで現在位置を確認しましょう。

康太：えーっと……。ぼくたちはコンビニエンスストアで間違った方向に曲がってしまいました。そこへ戻りましょう。

アイリス：わかりました。急いだほうがよいです。映画がまもなく始まってしまいます！

❸ (1) 直前の文に着目します。
(2) 〈be動詞＋there＋名詞(＋場所を表す語句)?〉の語順にします。
(3) 「…を待つ」は **wait for ...** で表します。
(4) 日本語訳 を確認しましょう。

日本語訳

直子：もしもし，トレイシー？ どこにいるのですか。

トレイシー：ああ，ごめんなさい。私は道に迷ってしまったと思います！ 私たちは郵便局の前で会うことになっていますよね。探しているのですが，見つかりません。

直子：あなたの周りに何か目印になるものはありますか。

トレイシー：えっと，私はハンバーガー屋のそばにいるのですが，ここから緑色の高い建物が見えます。それはアパートです。

直子：あなたは駅を出たあと，右に曲がりましたか。

トレイシー：はい，曲がりました。

直子：ああ，それならあなたは間違った方向に行ってしまったんですね。私があなたのところに行くので，そこにいてください。

トレイシー：わかりました，待っています。ありがとう！

❹ **読まれた英文**

Joyce: We walked for thirty minutes. Where's the station? Is this the right way?

Kei: I think we're lost.

Joyce: Oh, look. There is a police box over there.

Kei: That's good. Let's go and ask a police officer for directions.

読まれた英文の日本語訳

ジョイス：私たちは30分歩きました。駅はどこですか。この道は正しいのですか。

圭：ぼくたちは迷ったのだと思います。

ジョイス：あっ，見て。あそこに交番がありますよ。

圭：それはよかった。おまわりさんに道を聞きに行きましょう。

47 友だちに偶然会う 本冊 p.96

❶ (1) (偶然)出くわす (2) 偶然
(3) …することを予期する
(4) 夢に見る (5) たまたま…する
(6) 思いがけなく
(7) 偶然に，たまたま
(8) おしゃべりする
(9) お茶を飲みながら (10) 見て回る

❷ (1) 彼女はすべきことがあったので，帰宅しました。
(2) ウ (3) イ

❸ (1) **We didn't expect to see you**
(2) **to look around together**
(3) **[1] sister, zoo, sick**
[2] looking at, penguins
[3] come across

❹ 写真，美術館[博物館]

解き方

❷ (1) to do は不定詞の形容詞的用法で，**something** を修飾しています。
(2) **over** には「…を食べ[飲み]ながら」という意味があります。
(3) 日本語訳 を確認しましょう。

日本語訳

大悟：こんにちは，ウェンディ！ ここで何をしているのですか。
ウェンディ：ああ，大悟。すごい偶然ですね！ 私は友だちと買い物をしていたのですが，彼女はすべきことがあって帰ってしまいました。
大悟：今，ひまですか。お茶でも飲みながらおしゃべりしませんか。
ウェンディ：もちろん！ あそこのカフェに行きましょう。

❸ (2)「…したい」という意味にするので，want のあとに〈to＋動詞の原形〉を続けます。
(3) [1]「創の妹は，病気だったので動物園に来ることができませんでした」
[2]「創とアダムが華子を見つけたとき，スーザンはペンギンを見ていました」
[3]「華子は創とアダムに偶然会って驚きました」

日本語訳

創：見てください，アダム。あれは華子ではないですか。
アダム：本当ですね。こんにちは，華子！ ここであなたに会うとは思っていませんでしたよ。
華子：こんにちは，アダムに創。2人はいっしょに来たのですか。
創：はい。ぼくの妹がぼくたちといっしょに来ることになっていましたが，彼女は病気だったので来ることができませんでした。あなたは家族で来たのですか。
華子：いいえ，私はスーザンといっしょです。彼女はあそこでペンギンを見ていますよ。スーザン，こっちに来てください！ 創とアダムに偶然会ったんです。とても驚いてしまいました。
スーザン：まあ，すごい偶然ですね！ もしよかったら，いっしょに見て回りませんか。
アダムと創：喜んで！

❹ 読まれた英文

Paul: Hi, Ema. What are you doing here?
Ema: Hi, Paul. The photography club activities are over, so I'm just walking around. How about you?
Paul: I'm going to the museum. If you're free, why don't you come with me?
Ema: That sounds good. I'd love to!

読まれた英文の日本語訳

ポール：こんにちは，絵麻。ここで何をしているのですか。
絵麻：こんにちは，ポール。写真部の活動が終わったので，ただ歩いていただけです。あなたは何をしているのですか。
ポール：ぼくは美術館に行くところです。もしひまなら，ぼくといっしょに来ませんか。
絵麻：いいですね。ぜひ行きます！

48 家でのルールについて話す 本冊 p.98

❶ (1) ルール (2) …を覚えておく
(3) 厳しい (4) したがう
(5) シンク，流し台 (6) 洗濯(物)

(7) かご (8) うるさい
(9) できるだけ…
(10) シャワーを浴びる

❷ (1) 7時までに帰宅してくれますか。
(2) **the dishes** (3) ウ

❸ (1) 何か覚えておくべき家のルールはありますか。
(2) 夕食が必要ない
(3) **Do I have to clean my room**
(4) **[1] nine [2] be noisy**

❹ (1) 朝食 (2) シャワーを浴びる

解き方

❷ (1) Can you ...? は「…してくれますか」, by ... は「…までに」という意味です。
(3) 日本語訳 を確認しましょう。

日本語訳

私たち家族はふつう7時30分ごろに夕食を食べます。それで，7時までに帰宅してくれますか。皿を洗う必要はありませんが，食べ終わったあとは皿をシンクに持っていってください。私は1日1回，朝に洗濯をするので，服は夜に浴室のかごに入れてください。

❸ (1) to keep in mind は不定詞の形容詞的用法で，house rules を修飾しています。
(3) **have to ...** の疑問文は，一般動詞の疑問文と同じ語順になります。
(4) [1]「リリーは9時までに帰宅しなければいけません」
[2]「リリーは夜10時以降うるさくしてはいけません」

日本語訳

リリー：何か覚えておくべき家のルールはありますか。
藤井さん：厳しいルールはありません。ですが，あまり遅くに帰宅しないでください。
リリー：門限はありますか。
藤井さん：この家の門限は9時です。夕食の時間は8時ごろです。もしあなたが夕食が必要なければ，できるだけ早く伝えてくださいね。
リリー：わかりました。私は自分の部屋を自分で掃除しなければいけませんか。
藤井さん：はい，しなければいけません。ですが，夜10時以降はうるさくしないでください。掃除は昼間のうちにやるべきです。
リリー：わかりました。

❹ **読まれた英文**

Ben: Please tell me the house rules.
Maika: Well, you should get up early because we usually have breakfast at six thirty.
Ben: I see. Anything else?
Maika: Please don't take a shower after ten at night. My grandparents go to bed then, so we should try to be quiet.

読まれた英文の日本語訳

ベン：家のルールを教えてください。
舞香：えっと，私たちはふつう6時30分に朝食を食べるので，あなたは早く起きるべきです。
ベン：なるほど。ほかにありますか。
舞香：夜10時以降はシャワーを浴びないでください。その時間に祖父母が寝てしまうので，静かにするべきです。

49 学校でのルールについて話す

本冊 p.100

❶ (1) 規則 (2) マンガ本
(3) 化粧 (4) 髪 (5) 肩
(6) 長さ (7) 結ぶ (8) 指定された
(9) たとえば

❷ (1) あなたはその時間の間，マンガ本を読んではいけません。
(2) **on** (3) ア

❸ (1) **Every student has to belong to a club**
(2) 化粧をしてはいけない
(3) 私は長い髪よりも短い髪のほうが好きです。
(4) ア ○ イ × ウ ○

❹ (1) 教室を掃除する (2) くつをはく

解き方

❷ (1) **mustn't** は **must not** の短縮形で，「…してはいけない」という意味です。

(2) 「…階の[に]」は〈on the＋序数＋floor〉で表します。

(3) 日本語訳 を確認しましょう。

日本語訳

ホームルームは朝8時30分に始まりますが，あなたは8時20分までに登校しなければいけません。ホームルームの前の10分は読書のための時間です。あなたはその時間の間，マンガ本を読んではいけません。私たちの学校には給食はありません。1階の店で昼食を買うことができます。昼休みの間にコンビニエンスストアに行ってはいけません。

❸ (1) belong to ... で「…に所属する」という意味になります。

(2) 直前の宗司の発言に着目します。

(3) **like ... better than** ～で「～よりも…のほうが好きである」という意味です。

(4) 日本語訳 を確認しましょう。

日本語訳

ローラ：この学校にはどのような校則があるのですか。

宗司：すべての生徒は部活動に所属しなければいけません。今日の放課後，あなたに部活動のいくつかを見せましょう。

ローラ：ありがとう。身だしなみについてのルールは何かありますか。

宗司：はい。たとえば，化粧をしてはいけません。

ローラ：それは故郷の学校でも同じでした。ほかにありますか。

宗司：生徒は髪が肩より長ければ結ばなければいけません。でも，あなたはこのルールを心配する必要はありませんね。

ローラ：そうですね。私は長い髪よりも短い髪のほうが好きなんです。

❹ 読まれた英文

Mr. Nagata: Karen, at our school students have to clean their classroom themselves.

Karen: Oh, really? At my school, they don't have to do that. Are there any other school regulations?

Mr. Nagata: You have to wear school-designated shoes.

Karen: I understand.

読まれた英文の日本語訳

永田先生：カレン，私たちの学校では，生徒は自分で教室を掃除しなければいけません。

カレン：まあ，本当ですか。私の学校では，その必要はありません。ほかに何か校則はありますか。

永田先生：あなたは学校指定のくつをはかなければいけません。

カレン：わかりました。

50 学校の制服

本冊 p.102

❶ (1) スカート　(2) ズボン
(3) リボン　(4) ネクタイ
(5) デザイン　(6) 多様性
(7) 忘れる　(8) ふるまう
(9) 適切に　(10) …を廃止する

❷ (1) **Yes, it does.**
(2) 日本の(学校の)制服　(3) ウ

❸ (1) スカートをはくかズボンをはくかを選ぶことができる
(2) 私たちは学校の一員であるということを忘れるべきではありません。
(3) ア ×　イ ○　ウ ×

❹ **black, sweaters**

解き方

❷ (1) 直前の疑問文に対する応答文です。主語を it にして，does を使って答えます。

(3) 日本語訳 を確認しましょう。

日本語訳

モニカ：あなたの学校には制服がありますか。

瞳：はい，あります。でも，私は私たちの制服が好きではありません。私は冬でもスカートをはかなければいけないので，寒いんです。あなたの学校はどうですか。

モニカ：私たちは制服がありません。でも，日本の制服はかわいいので，着てみたいです。

❸ (1) 直前の文に着目します。

(2) **shouldn't** は **should not** の短縮形で，「…すべきではない」という意味です。

(3) 日本語訳 を確認しましょう。

日本語訳

一華：あなたたちは私たちの制服が好きですか。

ゾーイ：はい，好きです。デザインが好きなんです。ニュージーランドの私の学校の制服よりもかわいいと思います。

静雄：ぼくたちはスカートをはくかズボンをはくかを選ぶことができます。それがよいところだと思います。ぼくたちの学校は生徒の多様性を尊重しています。

一華：でも，もし私たちが本当に多様性を尊重したいなら，制服を廃止するべきではないですか。私は自分の服を着たいです。

ジョッシュ：制服を着ているときは，ぼくたちは適切にふるまおうとするのだと思います。ぼくたちは学校の一員であるということを忘れるべきではありません。

❹ 読まれた英文

Keita: It's getting cold these days.

Jean: Yeah. Can we wear sweaters under our jackets in winter at this school?

Keita: Yes. But we can only wear black or white ones.

読まれた英文の日本語訳

慧太：最近寒くなってきましたね。

ジーン：そうですね。この学校では，冬にジャケットの下にセーターを着てもいいんですか。

慧太：はい。ですが，黒か白のものだけです。

51 電車でのルールを伝える 本冊 p.104

❶ (1) マナー，行儀 (2) 鳴る
(3) マナーモード (4) プラットホーム
(5) 正確な (6) 優先席
(7) 妊娠している (8) 障がい
(9) ひざ (10) うるさい，大きい

❷ (1) **my mother**
(2) 私たちは電車の中で電話で話すべきではありません。
(3) ア

❸ (1) **you know the places to line up**
(2) **priority seats**
(3) お年寄り，妊婦，障がいのある人
(4) **[1] They[We] wait in line[line up] (on the platform).**
[2] They are a different color from the other seats.

❹ (1) ひざの上に置く (2) 声が大きい

解き方

❷ (2) shouldn't は should not の短縮形で，「…すべきではない」という意味です。

(3) 日本語訳 を確認しましょう。

日本語訳

マーク：亮，電話が鳴っていますよ。

亮：おお，電話をマナーモードにするのを忘れていました。母からです。電車を降りたら彼女にかけ直します。

マーク：どうしてですか。

亮：日本では，電車の中で電話で話すべきではありません。

❸ (1) **to line up** が後ろから **the places** を修飾する形にします。

(3) 直前に「もしお年寄りや妊婦，またはどんな人でも障がいのある人が電車に乗ってきたら」とあり，them はこれらの人々を指しています。

(4) [1] 「日本人は電車に乗るために何をしますか」という質問です。

[2] 「優先席はどんな見た目ですか」という質問です。

日本語訳

クララ：なぜ人々はホームで列を作っているのですか。

奈帆：電車に乗るために列になって待つのです。ホーム上の印を見てください。それらは電車が止まったときのドアの位置を表しています。日本では，電車はいつも正確に同じ場所に止まるのです。

クララ：すごい！　それで，列を作るべき場所がわかるのですね。
〈彼女たちは電車に乗ります。〉
クララ：これらの席はほかの席とは色が違いますね。
奈帆：それらは優先席です。私たちはそこに座ってもいいですが，もしお年寄りや妊婦，またはどんな人でも障がいのある人が電車に乗ってきたら，席を譲るべきです。

❹ 読まれた英文

Mirai: Ronald, putting your bag on your lap is good manners on the train.

Ronald: OK. Thank you, Mirai! So where shall we have lunch today?

Mirai: Hey, your voice is too loud. You can talk but let's talk a little more quietly.

Ronald: Oh, I'm sorry.

読まれた英文の日本語訳

未来：ロナルド，電車ではかばんをひざの上に置くのがよいマナーですよ。
ロナルド：わかりました。ありがとう，未来！　それで，今日はどこでお昼を食べましょうか。
未来：ちょっと，あなたは声が大きすぎます。話してもいいですが，もう少し静かに話しましょう。
ロナルド：おお，ごめんなさい。

52 日本でのマナーを伝える 本冊 p.106

❶ (1) 脱ぐ　(2) 身につける
(3) 並べる　(4) 向く，指さす
(5) おじぎする　(6) 握手をする
(7) スリッパ　(8) 食べ残し
(9) …に向かって　(10) 最善を尽くす

❷ (1) 入口[玄関]でくつを脱ぐこと
(2) **put on**　(3) ウ

❸ (1) **do[try] my best**
(2) 食べ残しを家に持って帰る
(3) **[1] pick up, chopsticks**
[2] not order
(4) ア ×　イ ○

❹ **bow, respect**

解き方

❷ (1) 直前のクロエの発言に着目します。
(2) 「(スリッパを)はく」は **put on** で表します。**衣服や装飾品を「身につける」と言うときや，化粧品を「つける」と言う場合に**使うことができます。
(3) 日本語訳 を確認しましょう。

日本語訳

クロエ：私は入口でくつを脱がなければいけないんですよね。
聖奈：その通りです。そのあと，きちんとくつを並べるのがよいマナーです。くつがドアのほうを向いていれば完ぺきですね。
クロエ：なるほど。私はこのスリッパをはくべきですか。
聖奈：はい，お願いします。でも，あなたはたたみの部屋ではそれらを脱がなければいけません。

❸ (2) 直前のクロエの発言に着目します。
(3) [1] 「クロエはときどきじょうずに<u>はし</u>で食べ物を<u>持ち上げる</u>ことができません」
[2] 「聖奈はクロエに食べ物をたくさん<u>注文しすぎてはいけない</u>と言いました」
(4) 日本語訳 を確認しましょう。

日本語訳

聖奈：はしを使うときにはいくつかのルールがあります。たとえば，フォークのようにはしで食べ物を突き刺すのは行儀が悪いです。
クロエ：なるほど。食べ物をはしで持ち上げるのはときどき難しいですが，私は最善を尽くします。ほかの日本のテーブルマナーについて教えてください。
聖奈：えっと，あなたは皿に食べ物を残すべきではありません。それで，あなたが食べられる以上に注文しないでください。
クロエ：私の国では，ふつう食べ残しを家に持って帰ることができますよ。
聖奈：日本では，それができるレストランもあれば，できないレストランもあります。

❹ 読まれた英文

May: In my country, we shake hands when

we meet someone for the first time.

Minato: That's different from Japanese manners.

May: How do you greet people?

Minato: We bow to people. We show our respect to them by doing so.

読まれた英文の日本語訳

メイ：私の国では，だれかに初めて会ったときは握手をします。

湊：それは日本のマナーとは違いますね。

メイ：あなたたちはどのように人々にあいさつをするのですか。

湊：ぼくたちは人々におじぎをします。そうすることで，その人たちに敬意を表すのです。

53 外国でのマナーを知る

本冊 p.108

❶ (1) …のほかに　(2) 最初の，本来の
(3) サービス　(4) 音を立てる
(5) すする　(6) ふつうの
(7) 持ち上げる　(8) しかる
(9) 目を合わせる

❷ (1) 日本では，私たちは接客係にチップをあげなければいけませんか。
(2) ア　(3) イ

❸ (1) スープをすすることは，日本ではふつうのことですか。
(2) **table manners**
(3) **I was surprised to learn we mustn't**
(4) ア ○　イ ×　ウ ×

❹ 目を合わせる，興味がある

解き方

❷ (1) **have to ...** の疑問文「…しなければいけませんか」です。to のあとは〈give ＋ 人 ＋ もの〉「(人)に(もの)をあげる」の形です。
(2) **〈thank ＋人＋ for ...〉**で「…に対して(人)に感謝する」という意味になります。
(3) 日本語訳 を確認しましょう。

日本語訳

ディラン：日本では，ぼくたちは接客係にチップをあげなければいけませんか。

大雅：チップとは何ですか。

ディラン：アメリカでは，ぼくたちは本来の支払いのほかに追加のお金を接客係に払います。サービスに対して接客係に感謝するためにそうします。

大雅：日本では，店を出るときにただ「ありがとう」と言うだけで十分ですよ。

❸ (1) 直前の文に着目します。
(2) **those は前に出た複数を表す語句の代わりとして用いられます。**
(3) be surprised to ... で「…して驚く」という意味です。
(4) 日本語訳 を確認しましょう。

日本語訳

オリバー：春樹，あなたはスープを飲むときに音を立てるべきではありません。

春樹：えっ，本当ですか。それは知りませんでした。

オリバー：ぼくが別の日本人の友だちと食事をしたとき，彼もスープをすすっていました。それは日本ではふつうのことなんですか。

春樹：ぼくたちはみそ汁を飲むときに音を立てます。それは悪いマナーではありません。でも，アメリカにいる間は，静かにスープを飲むようにします。

オリバー：日本のものと違うほかのテーブルマナーはありますか。

春樹：ぼくは皿を持ち上げてはいけないと知って驚きました。日本では，ご飯を食べるときに茶わんを持っているべきです。ぼくがご飯の皿を持っていたとき，ホストマザーはぼくをしかりました。

❹ 読まれた英文

Jamie: Many Japanese people are shy.

Riko: Why do you think so?

Jamie: Because they don't make much eye contact.

Riko: In Japan, too much eye contact with people can be bad manners.

Jamie: Really? In my country, doing that shows we are interested in them.

読まれた英文の日本語訳

ジェイミー：多くの日本人ははずかしがり屋ですね。

莉子：なぜそう思うのですか。

ジェイミー：彼らはあまり目を合わせないからです。

莉子：日本では，人と目を合わせすぎることは悪いマナーになることがあるんです。

ジェイミー：本当ですか。ぼくの国では，そうすることはぼくたちが彼らに興味があることを表します。

54 非常時にすべきこと 本冊 p.110

❶ (1) 災害　(2) 地震　(3) 訓練
(4) 起こる　(5) 守る　(6) 避難する
(7) 停電　(8) …に備える
(9) …から離れる

❷ (1) あなたは自分の身を守るためにテーブルの下に潜らなければいけません。
(2) **closets and cupboards**
(3) ウ

❸ (1) 断水や停電，調理なしで
(2) 私たちは避難しなければいけないかもしれません。
(3) **[1] It's[It is] from June to November.**
[2] They should protect the windows with boards.

❹ 金，理科室

解き方

❷ (1) to protect yourself は目的を表す不定詞の副詞的用法です。
(3) 日本語訳 を確認しましょう。

日本語訳

ロバート：ぼくたちは明日，地震の訓練がありますね。地震が起きたら何をすべきですか。外に出るべきですか。

伊吹：急いで外に出るのは危険です。あなたは自分の身を守るためにテーブルの下に潜らなければいけません。クローゼットや食器だなが倒れる可能性があります。

ロバート：おお，それではぼくたちはそれらから離れるべきですね。

❸ (1) 前後の内容に着目します。
(2) **may have to ...** で「…しなければいけないかもしれない」という意味になります。
(3) [1] 「ハリケーンシーズンはいつですか」という質問です。
[2] 「ハリケーンが近づいているとき，彼女たちは何をすべきですか」という質問です。

日本語訳

ルーシー：6月から11月はハリケーンシーズンです。私たちはハリケーンに備えなければいけません。

美乃里：わかりました。何よりも，水と食べ物が必要ですよね。

ルーシー：そうですね。ハリケーンの間，断水や停電が起こるかもしれません。それで，調理しなくても食べることができるように，缶詰のような保存食を買うべきです。

美乃里：ハリケーンが近づいている場合，何をすべきですか。

ルーシー：板で窓を保護するべきです。私たちは避難しなければいけないかもしれません。避難所の場所と避難経路を確認しましょう。

❹ 読まれた英文

Ms. Seki: Joseph, we have an evacuation drill next Friday.

Joseph: What is the drill for?

Ms. Seki: We will imagine that there is a fire in the science room. Remember to bring a handkerchief to cover your mouth.

Joseph: OK.

読まれた英文の日本語訳

関先生：ジョセフ，私たちは今度の金曜日に避難訓練があります。

ジョセフ：何のための訓練ですか。

関先生：理科室で火事が起こったことを想定します。口をおおうためのハンカチを忘れずに持ってきてください。

ジョセフ：わかりました。

55 おすすめの観光地をたずねる 本冊 p.112

❶ (1) 観光地　(2) おすすめの

(3) おすすめ　(4) 魅力的な
(5) よく知られた　(6) 隠れた
(7) 壮大な　(8) 建築
(9) …の間に[で]

❷ (1) 私にあなたのおすすめの観光地を教えてくれますか。
(2) ロンドン　(3) ア

❸ (1) 私に訪れるべき場所をいくつかすすめてください。
(2) **it has the largest church in the world**
(3) **[1] come[go] to Italy[Rome]**
[2] restaurant, local

❹ ア，ア

解き方

❷ (1) 〈tell＋人＋もの〉「(人)に(もの)を教える」の形です。Can you ...? は「…してくれますか」と依頼する表現です。
(3) 日本語訳 を確認しましょう。

日本語訳

こんにちは，カーター！　ぼくは今度の8月に兄とイギリスを訪れる予定です。ぼくにあなたのおすすめの観光地を教えてくれますか。ぼくは壮大な建物を見たいと思っています。兄はイギリスの歴史について学びたがっています。ぼくたちはロンドンに5日間滞在する予定なので，そのあたりのよい場所をいくつか教えてくれたらうれしいです。あなたの返信を楽しみにしています。

❸ (1) **recommend ... to** ～で「～に…をすすめる」という意味です。to visit は不定詞の形容詞的用法で，some places を修飾しています。
(2) 主語を it，動詞を has として，目的語を〈the＋最上級＋名詞＋in the world〉の形で続けます。
(3) [1] 「寧々がイタリアに来る予定なので，ジュリアは喜んでいます」
[2] 「ジュリアは地元の人々の間で人気のあるレストランをすすめています」

日本語訳

寧々：こんにちは，ジュリア。私は今度の春に初めてローマに行くつもりです。私に訪れるべき場所をいくつかすすめてください。私はイタリアの建築に興味があります。私はいとこと行く予定なのですが，彼女はおいしいイタリア料理をたくさん食べてみたいと思っています。あなたからの返事を待っています。

ジュリア：こんにちは，寧々。私はあなたがイタリアに来る予定だと聞いてうれしいです。あなたはローマの中にあるバチカン市国を知っていますか。それは世界一小さな国ですが，世界一大きな教会があります。もしあなたが建築に興味があるなら，ぜひそこに行くべきです。そして，私はあるレストランのウェブサイトのリンクを共有します。そこにはあまり多くの観光客は来ませんが，地元の人々の間でとても人気があります。私のおすすめです！

❹ 読まれた英文

Hi, how are you? I'm going to visit China with my family next March. I bought a guidebook because I want to enjoy the beautiful scenery as much as I like. But I don't know any good places to buy souvenirs. Can you tell me your recommendations?

読まれた英文の日本語訳

こんにちは，お元気ですか。私は今度の3月に家族で中国に行く予定です。心行くまで美しい景色を楽しみたいので，ガイドブックを買いました。しかし，おみやげを買うのによい場所がわかりません。あなたのおすすめを教えてくれますか。

56 休んだ友だちに学校の様子を伝える

本冊 p.114

❶ (1) …に～を知らせる
(2) 時間割，時刻表　(3) …時間目
(4) 1番目の　(5) 2番目の
(6) 3番目の　(7) 4番目の
(8) 5番目の　(9) 写す，コピーする
(10) …のために，…のせいで

❷ (1) イ
(2) 明日学校であなたに会えたらよいと思います。

(3) イ

❸ (1) あなたは明日学校に来ることができるでしょうか。

(2) **visit me**　(3) ア

(4) ア ×　イ ×　ウ ○

❹ (1) 腹痛　(2) (理科の)テスト

解き方

❷ (2) hope to ... は「…することを望む」という意味です。**I hope to ....** は「…できたらよいと思います，…したいです」のように訳すと自然な日本語になります。

(3) 日本語訳 を確認しましょう。

日本語訳

こんにちは，マイク。風邪の具合はどうですか。少しはよくなりましたか。あなたに時間割の変更を知らせるためにメールしています。明日は水曜日なので，普段は時間割上では4時間目に数学がありますが，それが歴史に変更になります。代わりに，金曜日の2時間目の歴史が数学に変更になります。明日学校であなたに会えたらよいと思います。お大事に！

❸ (1) **will be able to ...** で「…することができるだろう」という意味になります。

(2) should のあとには「ギャビンを訪ねる」という内容が省略されています。これはギャビンの発言なので，visit me「 私を訪ねる 」とします。

(3) get well「元気になる」とすると文脈に合います。**well** はここでは「健康な」という意味の形容詞です。

(4) 日本語訳 を確認しましょう。

日本語訳

正臣：こんにちは，ギャビン。あなたは今日，学校を欠席していましたね。風邪をひいたのですか。明日は学校に来ることができるでしょうか。

ギャビン：Eメールをありがとう，正臣。ぼくは熱がありました。今は少しよくなりましたが，ぼくは休むためにもう1日家にいるべきだと思います。

正臣：お気の毒に。お見舞いに行ってもいいですか。

ギャビン：来ないほうがよいと思います。あなたに風邪をうつしたくありません。ともかく，ありがとう。

正臣：わかりました。あなたが学校に戻ってきたら，ぼくのノートを見せましょう。ノートを写してもいいですよ。あなたが早く元気になるとよいと思います。

❹ 読まれた英文

Hi, Takumi. How are you doing? Mr. Morita said you were absent because of a stomachache. Do you remember that we have a science test tomorrow? I hope you will get well and can take the test.

読まれた英文の日本語訳

こんにちは，拓海。調子はどうですか。森田先生があなたが腹痛のために休みだと言っていました。明日は理科のテストがあることを覚えていますか。あなたが元気になってテストが受けられるとよいと思います。

57 パーティーの日時を伝える 本冊 p.116

❶ (1) 送別会　(2) クリスマス

(3) 会場　(4) 招待

(5) 主人，主催者　(6) 集める

(7) …につき　(8) 間近に，もうすぐ

(9) 遠慮なく…する

❷ (1) **attend[join]**　(2) 6月4日

(3) ア

❸ (1) **corner**

(2) **feel free to invite your friends**

(3) 友だちを連れてくる(つもりである)

(4) ア ×　イ ○　ウ ×

❹ 10，9，3，6

解き方

❷ (2) 4～5行目に着目します。

(3) 日本語訳 を確認しましょう。

日本語訳

こんにちは，グレース。ぼくたちの英語の先生である原先生が，まもなく学校を去ってしまいます。それで，

ぼくたちは6月11日の土曜日，夕方の4時から7時に彼女の送別会を開くつもりです。会場はぼくの家です。食べ物，飲み物，そして彼女へのプレゼントのために，1人につき500円集めます。もしパーティーに来ることができるなら，6月4日までに返信してください。あなたが出席できるとよいと思います。

❸ (3) 直前の内容に着目します。
(4) 日本語訳 を確認しましょう。

日本語訳

親愛なるジェイコブ，
年末はもうすぐですね。クリスマスに何か予定はありますか。私はクラスメートとクリスマスパーティーをする予定です。私たちに参加しませんか。
[日付] 12月25日　木曜日
[時間] 午前11時から午後4時
[場所] 私の家
私たちはプレゼントを交換するつもりなので，700円までのプレゼントを持ってきてください。また，分け合うための食べ物や飲み物を持ってきてください。遠慮なくあなたの友だちを招待してください。もしあなたが友だちを連れてくるつもりなら，20日までに伝えてください。

❹ 読まれた英文

Hi, Mary. We are going to have a birthday party for my sister on October 9. She will be seven years old. She likes you a lot, so could you come to the party? It's from three p.m. to six p.m. I look forward to your reply.

読まれた英文の日本語訳

こんにちは，メアリー。私たちは10月9日に妹の誕生日パーティーを開きます。彼女は7歳になります。彼女はあなたのことが大好きですから，パーティーに来てくれませんか。パーティーは午後3時から午後6時です。あなたの返信を楽しみにしています。

58 宿題についてメールする　本冊 p.118

❶ (1) 締め切りで　(2) 締め切り
(3) 提出する　(4) 提出する
(5) 読書感想文　(6) 作文
(7) 簡単な，単純な
(8) 1人で，独力で
(9) 家に帰る途中で

❷ (1) 金子先生は留学生たちに日本語の宿題を出しました。
(2) **by myself**　(3) ウ

❸ (1) (その) 数学の宿題は明日が締め切りです
(2) 国語から数学に変更になる
(3) ウ
(4) ア ×　イ ○　ウ ○

❹ 作文，金

解き方

❷ (1) 〈give＋人＋もの〉「(人)に(もの)をあげる」の形です。
(3) 日本語訳 を確認しましょう。

日本語訳

こんにちは，愛里。あなたに頼みたいことがあります。金子先生が留学生たちに日本語の宿題を出しました。私たちは簡単な日本語の本を読んで，短い読書感想文を書かなければいけません。私は市立図書館で本を探したいのですが，1人ではよい本を見つけられないと思います。明日の放課後，いっしょに本を探すために私と来てくれますか。

❸ (1) dueは，あとに日付などが続いて「…が締め切りだ」という意味になります。
(3) **〈help＋人＋with ...〉**で「(人)の…を手伝う」という意味になります。
(4) 日本語訳 を確認しましょう。

日本語訳

アレックス：こんにちは，泰成。あなたは明日の放課後，ひまですか。図書館でいっしょに数学の宿題をしましょう。
泰成：明日はひまなのですが，その数学の宿題は明日が締め切りですよね。この前の金曜日，担任の先生が時間割に変更があると言っていましたよ。ぼくたちはふつう月曜日は数学はありませんが，明日は3時間目の国語が数学に変更になります。
アレックス：そのことを忘れていました！　それでは，宿題を今日やらなければいけません。今，ぼくの宿題を手伝う時間はありますか。
泰成：ぼくは今，家に帰る途中です。30分後にぼくの家に来てください。

❹ 読まれた英文

Hi, Alice. How's your cold? I want to tell you about the homework. We were supposed to turn in our essays today. But you were absent, so our teacher said you should turn it in next Friday. Please don't forget.

読まれた英文の日本語訳

こんにちは，アリス。風邪の具合はどうですか。あなたに宿題について伝えたいと思います。ぼくたちは今日，作文を提出することになっていました。でも，あなたは欠席したので，それを今度の金曜日に提出すべきだと先生が言っていました。忘れないでください。

59 ホームステイのお礼を伝える

本冊 p.120

❶ (1) ホストファミリー　(2) 受け入れる
(3) 親切なもてなし　(4) 親切
(5) 記憶に残る　(6) 無事に
(7) おととい　(8) 自信がある

❷ (1) ア
(2) **The most memorable thing was**
(3) ア

❸ (1) **I was not confident about my English**
(2) ハリス夫妻が千鶴とたくさん話して，千鶴の話を理解しようとしたから。
(3) (美しい)浜辺，ハリス夫妻
(4) ア ×　イ ○　ウ ○

❹ **America，birthday party**

解き方

❷ (1) **arrive at ...** で「…に着く」という意味になります。
(2) the，most，形容詞の memorable があるので，最上級の形を作ると判断できます。
(3) 日本語訳 を確認しましょう。

日本語訳

お元気ですか，みなさん。あのホームステイでぼくは初めてイギリスに行きました。あなたたちの家に着いたとき，ぼくはとても緊張していましたが，あなたたちはぼくを温かく迎えてくれました。ぼくは2か月の滞在の間，あなたたちと生活するのをとても楽しみました。いちばん記憶に残っていることは，あなたたちとのハイキングです。ありがとうございました。

❸ (1) be confident about ... で「…に自信がある」という意味になります。
(2) 5～6行目に着目します。
(3) 前行から直前までの内容に着目します。
(4) 日本語訳 を確認しましょう。

日本語訳

親愛なるハリス夫妻，
私はおととい無事に長野に戻ってきました。オーストラリア滞在中，親切にもてなしてくださってありがとうございました。私は来週，こちらの私の学校に戻ります。友だちにまた会えるのはうれしいですが，あなたたちが恋しいです！
最初は，私は自分の英語に自信がありませんでした。あなたたちが私とたくさん話して，私の話を理解しようとしてくれたので，私の英語は上達しました。
あなたたちは私を美しい浜辺に連れていってくれましたね。私はその景色を決して忘れないでしょう。私はそこであなたたちの写真を撮ったので，それらをこのメールに添付します。
改めて，私を家族の一員として受け入れてくれてありがとうございました。

❹ 読まれた英文

How is everyone? Thank you for your kindness during my stay in America. I was so happy when you held the birthday party for me. That was my best memory. I hope to see you again.

読まれた英文の日本語訳

お元気ですか，みなさん。アメリカ滞在中は親切にしてくださってありがとうございました。あなたたちが私の誕生日パーティーを開いてくれたとき，私はとてもうれしかったです。それが私のいちばんの思い出です。またお会いできたらよいと思います。

60 まとめのテスト❸

本冊 p.122

❶ (1) 建物　(2) 障がい
(3) 起こる　(4) うるさい
(5) 多様性　(6) **kindness**
(7) **never**　(8) **miss**
(9) **earthquake**　(10) **invite**

❷ (1) **drink bottled water**　(2) イ
(3) においの強い食べ物を食べること。
(4) イ

❸ (1) 映画にさそう
(2) 彼女は土曜日の午前中，家族の家事を手伝わなければいけません。
(3) イ
(4) **[1] Three people will.**
[2] They'll[They will] meet up in front of their school.

❹ 送別会，5，プレゼント

解き方

❷ (1) 直前の文に着目します。do が原形なので，drink も原形にします。
(2) don't have to ... は「…する必要はない」，**must not** は「…してはいけない」，have to ... は「…しなければいけない」という意味です。
(4) 日本語訳 を確認しましょう。

日本語訳

ライアン：こんにちは，恭也。あなたはペットボトルの水を飲んでいましたね。日本では電車でそれをしてもよいのですか。
恭也：どういうことですか。
ライアン：シンガポールでは，ぼくたちは電車やバスの中で食べたり飲んだりしてはいけません。
恭也：本当ですか。もしそうしたら，何が起きるのですか。
ライアン：ぼくたちは 500 ドルの罰金を払わなければいけません。
恭也：それは知りませんでした。心配しないで。日本では，電車で飲み物を飲むのはふつうのことです。でも，においの強い食べ物を食べるのはマナーが悪いです。

❸ (2) has to ... は「…しなければいけない」，〈help + 人 + with ...〉は「(人)の…を手伝う」という意味です。
(3) make it で「都合がつく」という意味です。
(4) [1] 「何人が映画を見るでしょうか」という質問です。
[2] 「彼女たちはどこで会うでしょうか」という質問です。

日本語訳

紗子：私たちは今度の土曜日に映画を見る予定ですね。午前 11 時に学校の前で会うのですよね。
カミラ：はい，そうです。あっ，美沙も映画にさそいませんか。
紗子：それはよい考えですね。今，彼女にメールを送ってみます……。あっ，返信が来ました。えっと，彼女は土曜日の午前中，家族の家事を手伝わなければいけないと言っています。午後は行くことができるそうです。
カミラ：わかりました，それではスケジュールを変更しましょう。午後 1 時はどうですか。
紗子：私はそれでいいですよ。美沙に聞いてみます……。都合がつくと言っていますよ！
カミラ：すばらしい！　では，1 時に会いましょう。

❹ 読まれた英文

Oliver: Hello, Maya? This is Oliver.
Maya: Hi, Oliver. What's up?
Oliver: Our classmate, Steve, is going to go back to New Zealand soon. I want to have a farewell party for him next Tuesday. It's from five p.m. to eight p.m. Can you come?
Maya: Yes! Do I have to bring a present for him?
Oliver: No, you don't have to. But please

bring some food.
Maya: OK. Thank you for inviting me.

読まれた英文の日本語訳

オリバー：もしもし，麻耶。オリバーです。
麻耶：こんにちは，オリバー。どうしましたか。
オリバー：ぼくたちのクラスメートのスティーブがもうすぐニュージーランドに帰ってしまいます。今度の火曜日に彼の送別会を開きたいです。送別会は午後５時から午後８時です。来られますか。
麻耶：はい！　彼へのプレゼントを持っていかなければいけませんか。
オリバー：いいえ，持ってこなくてもいいです。でも，食べ物をいくらか持ってきてください。
麻耶：わかりました。さそってくれてありがとう。

チャレンジテスト❶

本冊 p.124

1 (1) ウ
(2) それはきっと長い旅だったと思います。
(3) **What time**
2 (1) **on**　(2) **Why**　(3) ア
3 (1) スキーとスノーボードのどちらのほうが難しいか
(2) **I'm better at skiing than snowboarding**
(3) **Seita's father can.**
(4) ア ○　イ ×
4 (中国語の)辞書，6，エスカレーター

解き方

1 (1) 〈look＋形容詞〉で「…に見える」という意味になります。
(2) I'm sure (that) .... で「きっと…だと思います」という意味です。
(3) 直後で尚宏が時刻を答えていることに着目します。

日本語訳

アンディ：おはようございます，尚宏。今日は疲れて見えますね。
尚宏：はい。ぼくは昨日，長野の祖父母を訪ねました。
アンディ：それはきっと長い旅だったと思います。何時に家に着いたのですか。
尚宏：午後 10 時くらいです。それからシャワーを浴びて，12 時近くに寝ました。今は眠いです。

2 (1) **on purpose** で「わざと」という意味になります。
(2) **Why don't we ...?** で「…しませんか」と相手をさそう表現になります。
(3) 日本語訳 を確認しましょう。

日本語訳

アマンダ：本当にごめんなさい。私は皿を洗っている間にあなたのカップを割ってしまいました。
佑香：心配しないで。あなたはわざとやったわけではないのですから。
アマンダ：ありがとう。新しいカップを買うために買い物に行きませんか。
佑香：いいですね。今度の土曜日に行きましょう。

3 (2) **be good at ...** が **be better at ... (than ～)** という比較級になっている文です。直後の内容から，晴太はスノーボードよりもスキーのほうが得意であると判断できます。
(3) 「だれがビルにスノーボードを教えるのでしょうか」という質問です。
(4) 日本語訳 を確認しましょう。

日本語訳

晴太：もしあなたがスキーかスノーボードが好きなら，ぼくの家族といっしょにスキー場に行きませんか。
ビル：楽しそうですが，ぼくはどちらも経験がありません。スキーとスノーボードのどちらのほうが難しいですか。
晴太：あなたの質問には答えられません。それら２つは非常に異なるスポーツですから。でも，ぼくはスノーボードよりもスキーのほうが得意です。初めてスノーボードをしたとき，ぼくはとても怖かったです。
ビル：なるほど。でも，ぼくはスノーボードのほうがかっこよく見えると思います。
晴太：興味があるなら，やってみるべきですよ！　ぼくの父はじょうずにスノーボードをすることができるの

で，あなたに教えられるでしょう。

4 読まれた英文

Sakurako: Excuse me. I want to buy a Chinese dictionary. Where is the bookstore?

Clerk: It's on the sixth floor. You can find it next to the escalator.

読まれた英文の日本語訳

桜子：すみません。私は中国語の辞書を買いたいです。本屋はどこですか。

店員：６階です。エスカレーターのとなりにありますよ。

チャレンジテスト❷

本冊 p.126

1 (1) **What's** (2) 消防士

(3) 私は母のようなプログラマーになりたいです。

2 (1) スマートフォン

(2) **keep in mind** (3) ウ

3 (1) **turn[hand] in**

(2) あなたは今度の金曜日に，あなたの(英語の)作文を持ってこなければいけません。

(3) 熱があったから。

(4) ア ○ イ ○ ウ ×

4 (1) エ (2) イ，ウ

解き方

1 (1) 直後にリアムが「彼は消防士です」と職業を答えているので，仕事は何かをたずねます。1語なので What's と短縮形にします。

(3) want to be ... は「…になりたい」という意味です。like は「…のような」という意味の前置詞です。

日本語訳

豪志：あなたのお父さんの仕事は何ですか。

リアム：彼は消防士です。ぼくは彼の仕事を尊敬しています。

豪志：あなたは将来，お父さんと同じ仕事をしたいですか。

リアム：実は，ぼくは母のようなプログラマーになりたいです。

2 (1) 直前のマークの発言に着目します。

(2) keep in mind で「覚えておく」という意味になります。

(3) 日本語訳 を確認しましょう。

日本語訳

マーク：ぼくは学校にスマートフォンを持ってきてもいいですか。

和田先生：はい，いいですよ。でもかばんの中に入れておかなければいけません。両親と連絡をとるためだけに使うことができます。

マーク：わかりました。ほかに覚えておくべき校則はありますか。

和田先生：カラオケやゲームセンターに行くとき，大人といっしょに行かなければいけません。

3 (1) **turn in** で「提出する」という意味になります。**hand in** も同じく「提出する」ですが，手渡しで提出するという意味を含みます。

(2) it は由香里の(英語の)作文を指しています。

(4) 日本語訳 を確認しましょう。

日本語訳

ケイト：こんにちは，由香里。あなたは今日，学校を休んでいましたね。大丈夫ですか。あなたに宿題について伝えます。英語の作文が今日，締め切りでしたが，あなたは次の授業であなたの作文を提出することができると星野先生が言っていました。それで，あなたは今度の金曜日にそれを持ってこなければいけません。それと，山下先生が今日，私たちに宿題を出しました。私たちは数学の教科書の 62 ページの問題を解かなくてはいけません。あなたが明日，学校に来られるとよいと思います。

由香里：こんにちは，ケイト。私は今日，熱がありました。今は少し具合がよくなりましたが，明日は学校に行けないと思います。ともかく，私にメールをして宿題について伝えてくれてありがとう。とても助かります。

4 読まれた英文

Katsuya: How will the weather be this weekend?

Elena: Let's check the weather forecast on the internet. Let me see .... It will be very cold and snowy on Saturday.

Katsuya: Oh, really? How about Sunday?

Elena: It will be a little warmer. It will be rainy and cloudy later.

読まれた英文の日本語訳

克也：今週末の天気はどうでしょうか。

エレナ：インターネットで天気予報を確認しましょう。えーっと……。土曜日はとても寒くなって，雪が降ります。

克也：えっ，本当ですか。日曜日はどうですか。

エレナ：少し暖かくなります。雨のちくもりです。